Für Manfred Polzin

Paul Merkle

Kurt Brägger
Zoo Basel 1953–88

Christel Brägger-Hettinger gewidmet

Werner Blaser

**KURT BRÄGGER
ZOO BASEL 1953–88**

**GARTENGESTALTUNG
LANDSCAPE DESIGN**

Zoo Basel
Friedrich Reinhardt Verlag

Der Zoologische Garten Basel dankt dem Geschwister Keller Fonds des Vereins der Freunde des Zoologischen Gartens dafür, dass er die Herausgabe dieses Buches ermöglicht hat.

Die Deutsche Bibliothek – CIP-Einheitsaufnahme
Blaser, Werner:
Kurt Brägger, Zoo Basel 1953 - 88 : Gartengestaltung, Landscape Design / Werner Blaser. - Basel : F . Reinhardt, 2001
ISBN 3-7245-1222-8
Friedrich Reinhardt Verlag, Basel

© 2002 by Zoologischer Garten, Basel und Anna Brägger
Alle Zeichnungen aus dem Archiv Kurt Brägger in Riehen

Fotos: Paul Merkle, Basel
Fotos Wegführungen zu den Kapiteln: Werner Blaser, Basel
Fotos Garten in Riehen: Anna Brägger, Riehen

Lektorat und Übersetzungen: Claudia Neuenschwander, Gockhausen
Umschlaggestaltung und Layout: Werner Blaser, Basel
Lithos und Satz: Photolitho Sturm AG, Muttenz
Druck: Reinhardt Druck, Basel

Inhalt

6	Biographie
8	Werner Blaser: Hommage an Kurt Brägger
10	Kurt Brägger: Gedanken zur Gartengestaltung, 1974
18	Anna Brägger: Von der Gestaltung eines Gartens zum Lebensraum für Tiere
22	Peter Studer: Der Zoologische Garten Basel und Kurt Brägger
34	Huftiere – Kinderzoo – Wölfe
55	Volière – Nashörner – «Grüne Brücke»
70	Giraffen – Antilopen – Eulen – Schneeleoparden – Mähnenwölfe
86	Kleinsäugeranlagen – Elefanten – Restaurant – Vogelhaus
106	Affenhaus – Afrikaanlage
118	Vivarium
132	Dank
136	Bücherliste Zoo Basel

Contents

6	Biography
8	Werner Blaser: Homage to Kurt Brägger
10	Kurt Brägger: Thoughts on Landscaping, 1974
18	Anna Brägger: From the design of a private garden to the creation of a natural environment for animals
22	Peter Studer: The Basle Zoological Garden and Kurt Brägger
34	Ungulates – Children's Zoo – Wolves
55	Aviary – Rhinoceros – "Green Bridge"
70	Giraffes – Antelopes – Owls – Snow Leopards – Maned Wolves
86	Small mammals – Elephants – Restaurant – Birdhouse
106	Monkeyhouse – African Compound
118	Vivarium
132	Acknowledgements

Kurt Brägger

1.5.1918	geb. in Rheineck, St. Gallen
	Jugend und Schulen in St. Gallen
1933	Tod des Vaters
1934	Austritt aus dem Gymnasium
1934–38	Lehrzeit als Töpfer u. keram. Maler
38–41	Wanderschaft in verschied. Werkstätten
	Lehrer an der Herm. Lietzschule i. Haubinda
1941–42	Keramische Fachschule; Meisterprüfung
1943–47	Hospitant an d. Gewerbeschule Basel
	Zeichnen (Walter Bodmer) Plastik (Ernst Knöll)
	Lebensunterhalt als Töpfer
1951	Eigene keram. Werkstatt.
1953	1. Gestaltungsauftrag für den Zoolog. Garten Basel
1954	Heirat
1954–55	Einjähriger Studienaufenthalt in Griechenland / Geburt der Tochter
1956–88	Gestalter des Zoolog. Gartens Basel (Landschaft, Tierhäuser)
	Gartengestalterische Aufträge für soziale Werke, Stiftungen und Private im In- und Ausland.
1989	Freie Tätigkeit als Künstler.

Biography

Kurt Brägger

1. 5. 1918	Born in Rheineck, St. Gallen
	Youth and education in St. Gallen
1933	Death of his father
1934	K.B. leaves the gymnasium (high school)
1934–38	Apprenticed as a potter and ceramics painter
1938–41	Travelling years as a trainee in various pottery workshops
	Teaches at the Hermann-Lietz-School in Haubinda
1941–42	Technical college of ceramics – master certificate
1943–47	Guest student (auditor) at the Basle School of Arts and Crafts, drawing: Walter Bodmer, sculpture: Emil Knöll
	Earns his living as a potter
1951	Founds his own ceramics workshop
1953	Receives his first design commission for the Basle Zoological Gardens
1954	Marriage
1954–55	Spends a year's study visit in Greece
	Birth of his daughter
1956–88	Designs the Basle Zoological Gardens (landscaping and animal houses)
	Executes landscaping commissions for social institutions, foundations and private clients in Switzerland and foreign countries
1989	Works as an independent artist

Photo: Otto Schärli

Werner Blaser
Hommage an Kurt Brägger

Sichtbare Raumwelt ist hier Raumgestaltung, angefangen vom kleinsten Detail der Wegführung bis zum umgebenden Naturraum. Bei Kurt Brägger wird die gestalterische Absicht in der Komplexität des Gestalteten sichtbar. Bei ihm kann man sehen lernen. Mit seiner Zoogestaltung hat er sein eigenes Postulat eingelöst – die Vergegenwärtigung räumlicher Harmonie, ohne Erklärung, ohne Wort, nur durch sich selbst. Die grünen Lungen des Zoos bilden die Lebensgrundlage für Mensch und Tier. Die sensible Gestaltung des von Grün durchzogenen Basler Zoogartens muss man erlebt haben. Als Keramikkünstler hat Kurt Brägger sein Wissen um die Dreidimensionalität, um Formen und Materialien in die urbane Wirklichkeit umgesetzt.
Tiere in ihren Lebensräumen zu begreifen und zu zeigen war das klare Ziel des Basler Zoos. Er ist dieser Idee, die in Ansätzen schon seit langem vorhanden war, treu geblieben – ja, er hat sie bei der Neugestaltung seit Mitte des vergangenen Jahrhunderts entwickelt und erweitert. Alle Aktivität, jedes neue Engagement musste dieser Strategie dienen. Basler Kulturmäzene haben den Gebrauchskünstler Kurt Brägger mit seiner revolutionären Gesinnung in den zoologischen Garten geholt – denn durchdachte Landschaftsgestaltung eines öffentlichen Raumes hat sowohl ein inneres, künstlerisches Wesen, als auch eine soziale Verantwortung nach aussen. Eine natürliche Landschaftsarchitektur im städtischen Raum dient der Gesellschaft.
Aufs Erste ist eigentlich nicht viel Greifbares vorhanden: nur der Weg, auf dem wir uns bewegen, der

Werner Blaser
Homage to Kurt Brägger

Landscaping by Kurt Brägger defines the whole visible world of space, from the smallest detail of the footpaths' design to the surrounding Nature. The complexity of his design reveals his purpose. He is teaching us to see. With the landscape he designed for the Basle Zoo, he carried out his own fundamental principle – the realization of spatial harmony, in and through itself alone, without a word of explanation. The green lungs of the Zoo are the vital basis of human and animal life. The subtle landscaping of the Basle Zoological Garden with its spreading vegetation is something one ought to see and experience. Kurt Brägger, ceramist, has translated his mastery of three-dimensional art into an urban reality.
To know and comprehend animals in their natural environment and to show them in it had long been the aim of the Basle Zoo. Not only has Kurt Brägger remained faithful to this basic idea – ever since the Zoological Gardens began to be redesigned in the nineteen-fifties, he has developed and amplified the concept. Every single activity, every newly assumed task had to serve his strategy. Kurt Brägger, the artist and craftsman with his revolutionary approach was called in by far-seeing, culturally interested Basle patrons – for the landscaping of a public area, conceived and developed by careful thought, besides its artistic inner nature, is an act of responsibility towards the public. To landscape an urban area in a way that brings it close to Nature means to serve the community.
At first, there is hardly anything to see: only the pathway on which we move forward, the surrounding

Raum ringsum, der uns mit der ferneren Umwelt verbindet, die durchlichteten Tiergehege; eine feinsinnig gestaltete, unmittelbare Umgebung, deren einfache Schönheit dem Verlangen des Menschen nach Vollkommenheit entspricht.

Wie wir bereits gesagt haben, ist Landschaftsgestaltung für die Öffentlichkeit auch eine Frage der gesellschaftlichen Verantwortung. Der Gestalter Kurt Brägger hatte die schwierige Aufgabe zu lösen, den Besucher gleichsam kleinmassstäblich durch das beschränkte Gartengelände zu führen. Seine organische Wegführung, eine Weg-Architektur, welche die begrünte, hügelige Miniaturlandschaft in harmonischer Weise durchdringt, schärft den Blick für die freie Natur, in der die Tiere durch einen beinahe unsichtbaren Graben gegen die Umgebung abgesichert sind.

Differenziert und massstabgerecht ist auch die Vegetation eingesetzt: nahe, kleine Gebüsche und ferne, hohe Bäume vergrössern den Raum. Überall spürt man die Absicht, die Übergangsbereiche zwischen Fussgängern und Tiergehegen so zu inszenieren, dass für das Tier grosszügige Ausläufe entstehen, in denen die Formenwelt ihres Herkunftsgebietes als entfernte Anleihe dargestellt wird. Es sind gebaute Utopien, die Kurt Brägger für uns geschaffen hat: eine Gegenwelt und Lernwelt, die uns Einblick gibt in den Lebensraum der Tiere, und eine ideale Voraussetzung für die Haltung von Wildtieren ausserhalb ihres natürlichen Reservats.

space which relates us to the wider environment, the animal enclosures filled with light: sensitively designed settings whose elementary beauty answers the human need for perfection.

As we have already said, landscaping a public area is also a matter of social responsibility. In landscaping the relatively modest territory of our Zoo, Kurt Brägger had the difficult task of leading the visitor over the grounds, so to say, in a small-scale way. The organic outlay of the pathways, a harmonious architecture of paths running over the green, hilly miniature landscape, leads to a keener perception of this natural environment, in which the animals are safeguarded only by an almost invisible ditch.

The vegetation is also subtly planned and true to scale: small shrubs planted nearby, high trees farther away create an impression of spaciousness. Everywhere, the transitions between the pedestrian zone and the animal enclosures have been ingeniously conceived to allow for generously dimensioned, open spaces for the animals – spaces that have been shaped to bear a symbolic resemblance to the species' original environment. What Kurt Brägger has created for us is a world of little utopias: a counter-world from which to learn, a world which allows us to gain insight into an animal's natural environment, besides offering the ideal conditions for keeping wild animals outside their original surroundings.

Kurt Brägger
Gedanken zur Gartengestaltung, 1974

Tiergärten bieten dem heutigen Menschen, der mehr und mehr ein von der Stadt geprägter Mensch ist, die selbstverständliche und notwendige Begegnungsmöglichkeit mit der Tierwelt.
Liegt ein Zoo inmitten der Stadt wie unser Zolli, so kommt ihm ausserdem die grosse Bedeutung einer Grünoase und eines eigentlichen Erholungsgebietes zu.
Um das Erlebnis der Anschauung tierischen Lebens und Verhaltens so unmittelbar wie möglich zu gestalten, ist der landschaftliche Rahmen, in dem die Tiere gezeigt werden, von besonderer Wichtigkeit. Die Art und Weise, wie der Garten den Besucher empfängt und ihn auf seinem Spaziergang überall begleitet, ist bestimmend für die Qualität seiner Aufnahmefähigkeit und das Gefühlsklima, in dem sich die Begegnung mit dem Tier vollzieht.
Betritt der Besucher unseren Garten, so geht sein erster Blick nicht auf eine Promenade und den Besucherstrom oder auf die Front eines Tierhauses, sondern unmittelbar hinter dem Kasseneingang öffnet sich über einem Stück Wiese und einem Teich eine sich in die Tiefe staffelnde Wasserlandschaft und schafft den stimmungsmässigen Übergang von der harten Stadtwelt in die sanftere der Pflanzen und Tiere. Erst unter den überhängenden Ästen der Büsche und Bäume dringt er eigentlich in den Garten ein, und erst jetzt begegnet er den Tieren.
Mittels der Wegführung, des Öffnens und Verbergens von Aus- und Einblicken, wird er gleich am Anfang seines Spazierganges mit der Anwendung von bestimmten Prinzipien, die der Gestaltung des

Kurt Brägger
Thoughts on landscaping, 1974

Zoological gardens offer modern man – who is increasingly marked by city life – a vitally important, legitimate opportunity to meet the animal world.
When, besides this, a zoo has the exceptional luck to be situated in the centre of town, like our Zolli, it also answers the basic need for a green space, a recreational area created within the city texture.
If we want to turn man's encounter with animal life and behaviour into a personal, first-hand experience, the setting in which the animals are shown is essential. The way in which the garden welcomes the visitor and accompanies him throughout his walk is decisive for his receptivity: it directs him and quickens his reactions, creating the emotional climate in which a true encounter with the animals becomes possible.
On entering our garden, the visitor's first impression is neither that of a crowded walkway with a stream of other visitors, nor of some building designed for the display of animals. Immediately after passing the box office, the spectator discovers a landscape of small ponds and brooks which encourages him to go on, as it marks the change of atmosphere between the aggressive city life and the gentler world of animals and plants. Only after passing below the overhanging branches of trees and shrubs does he really enter the garden, and only then does he come face to face with the animals.
Right from the beginning, he becomes aware of some of the basic concepts on which the general layout of the garden is founded. The winding footpaths take him gradually from one vantage point to the

Gartens zugrunde liegen, bekannt gemacht. Ihre Wiederholung und Variation soll schliesslich den Besucher in jene «Gestimmtheit» versetzen, in der er gelöst und heiter aufnehmen kann, was der Garten in seiner Fülle von Anschauung und Belehrung für ihn bereit hält.

Das Vergnügen, das wir beim Erlebnis unverdorbener Landschaft empfinden, ist untrennbar von der Vorstellung, dass wir es mit einem Werk der freien Natur und nur sehr begrenzt mit einem menschlichen zu tun haben. Um einen ähnlichen Eindruck vom landschaftlichen Rahmen eines Tiergartens im Publikum wachzurufen, müssen möglichst alle Spuren des künstlichen Ursprungs der komplizierten Anlagen, die mit der Schaffung der meist sehr begrenzten Lebensräume der Tiere verbunden sind, verwischt werden.

Die sichtbare Architektur ist auf das unumgänglich Notwendige zu beschränken. Es gibt viele Geländesituationen, die es erlauben, sinnvoll Tierhäuser und Stallungen unter die Erde zu legen. Das Affenhaus (1969) mit einer bebauten Fläche von 2500 m^2 und einem Bauvolumen von 24 000 m^3 ist so angelegt, dass kein Stück Garten verloren geht. Es dient vielmehr der Vergrösserung des Gartens, indem es den Besucher auf zwei Ebenen führt: durch das Haus hindurch oder über das Dach, das als Garten mit Futterpflanzen für die Affen ausgebildet ist und auch noch ein kleines Vogelgehege beherbergt. Der Spaziergang auf der obersten Ebene des Gartens wird durch diese Situation nicht gewaltsam unterbrochen, sondern er setzt sich kontinuierlich, am neu erstellten Aussenterrarium vorbei, über das Dach fort.

next, alternately revealing interesting views or concealing them. Repeated and varied, this landscape pattern will put him into the relaxed, happy mood in which he may become aware of the wealth of observations and insights our Zoo has to offer.

The pleasure we feel in front of an unspoiled landscape is inseparable from the idea that we are standing before a pristine work of Nature in which human influence is hardly to be felt. If we want the design of a zoological garden to make this impression, every possible trace of the complicated man-made constructions lying behind the often very small animal biotopes should be concealed, and what architecture can be seen must be restricted to what is absolutely necessary. Frequently enough, the terrain's natural topography has allowed us to place animal buildings and stables underground. The monkey-house (1969), which covers an area of 2,500 square metres and has a volume of 24,000 cubic metres, has been designed without any loss of garden surface whatsoever. It even adds to the total garden area by creating a second level for the visitors' circuit: through the building itself as well as over its roof, which is planted with greenery to feed the monkeys, and also houses a small aviary. On the upper garden level, the circuit proceeds over the roof and past the newly constructed open-air terrarium.

Two-thirds of the Vivarium have also been laid underground (1972). A few years from now, what remains visible of the building will be almost entirely hidden by vegetation, presenting the aspect of an earth-mound covered by shrubs. Underground construction was also used for the service area con-

Auch das Vivarium (1972) liegt zu mehr als zwei Dritteln seines Volumens unter der Erde. Der sichtbare Teil wird weitgehend von Vegetation überwachsen werden und sich eines Tages wie ein von Büschen besetzter Hügel ausnehmen. Bei den Gehegen von Dachs, Erdmännchen und Fischotter sind die Stallungen ebenfalls unterirdisch (1963).
Als es darum ging, den Elefanten eine Manege zu bauen, war es naheliegend, diese an den Fuss einer bestehenden Böschung als Amphitheater in den Boden zu legen (1962).
Es sind aber vor allem die besonders glücklichen Umstände der Topographie des Geländes unseres Gartens gewesen, die durch die leicht gestufte Hanglage solche Lösungen erleichtert oder geradezu angeboten haben. Diese werden es auch in Zukunft ermöglichen, das Garteninnere von sichtbaren Gebäuden freizuhalten und die nötigen Hochbauten an die Randzonen zu setzen.
Wurden früher die zwischen Mensch und Tier notwendigen Schranken durch Eisen und Beton geradezu demonstriert, so versucht man heute, diese Trennung so wenig wie möglich in Erscheinung treten zu lassen. So wird das Tier für den Beschauer aus seiner isolierten Schauobjektsituation gelöst und gewissermassen in die Geborgenheit einer Landschaft zurückversetzt. Diese endet, wenn immer möglich, nicht am Rande des umspannenden Drahtgeflechts oder am Wassergraben, sondern setzt sich im Gehege selber durch umzäunte Pflanzeninseln fort und stellt die Verbindung von innen und aussen her. Diese Inseln sind aber vor allem auch von der Tierhaltung gefordert: sie geben den Tieren die wichtige Möglichkeit, in Deckung und in den Schatten der Bäume gehen zu können oder sich untereinander

nected to the badgers', slender-tailed meerkats' and otters' enclosures (1963). When the wish for an elephant ring arose, it was easy enough to build an amphitheatre at the foot of an existing slope (1962). Solutions of this kind were made possible or even imposed by the topography of our terrain. Thanks to this, the interior garden space can be kept free of visible buildings, while the necessarily higher constructions can be erected on its borders.
In past times, the barriers between human beings and animals were deliberately emphasized. Today, on the contrary, they must be as inconspicuous as possible. No longer displayed as an isolated object of curiosity, the animal can now be observed almost as if it were living in the security of its natural surroundings. Wherever possible, the landscape does not end at the enclosures' wire netting or ditch, but continues inside them in the shape of islands of vegetation protected by fences. These serve as visual links between inner and outer space as well as fulfilling a practical function: they answer the animals' essential need to take cover in the shade of the trees, and they allow the individual to isolate itself from the group. The nearer the solution to a design problem is to Nature itself, the better it serves the animal.
The most attractive way to design an enclosure ditch is to turn it into a natural watercourse planted with its usual vegetation.
When, in 1961, the green area of the "Nachtigallenwäldchen" ("Nightingale Copse") was included in the Zoo grounds, and the Birsig canal – which had formerly cut them in two – could be laid underneath

abzusondern. Je näher die Lösungen der gestalterischen Aufgaben in der Richtung des Natürlichen liegen, desto besser wird damit auch dem Tier gedient.

Am schönsten lassen sich die zur Abschrankung dienenden Gräben als natürlich gestaltete Wasserläufe mit entsprechender Bepflanzung ausbilden.

Als im Jahre 1961 das Nachtigallenwäldchen dem Zoo zur Nutzung überlassen und der das ganze Gelände trennende Birsigkanal unter die Binningerstrasse gelegt werden konnte, ergab sich die Gelegenheit, alle auf dem neuen Gelände liegenden Tiergehege durch einen am oberen Ende des Gartens entspringenden Wasserlauf vom Publikum zu trennen. So wurde es möglich, erlebnismässig die ursprüngliche Situation wieder herzustellen, als der Birsig durch eine Auenlandschaft floss, von der da und dort noch ein gewaltiger Baum zeugt, der älter als unser Zolli ist. Dieser Bachgraben mit seiner «künstlichen Natürlichkeit» sammelt gewissermassen alle von den höher gelegenen Partien des Gartens kommenden Wasser, um sie in den beim Eingang gelegenen Teich zu führen und sie wieder in den dort zu Tage tretenden Birsigkanal zu entlassen.

Was für die Trenngräben in Verbindung mit Wasser an optischer Glaubhaftigkeit gefordert ist, gilt nicht weniger für die materielle Gestaltung der als Abschrankung ausgebildeten Mauern bei Geländestufen. Da in der Nähe des Gartens, am Hechtliacker, Nagelfluh vorkommt, lag es nahe, ein dieser Gesteinsart verwandtes und leicht herstellbares Material zu verwenden, um das Gelände im Zolli naturnah zu gestalten. Durch diese künstliche Nagelfluh wird es möglich, Trennungswände im Hintergrund der

the Binningerstrasse, the opportunity arose to separate all the newly planned animal enclosures from the public by a watercourse beginning at the upper end of the garden. This made it possible to recreate a long-lost setting where the river Birsig ran through a riverside landscape, to which a few huge isolated trees, older than our Zolli, still bear witness today. The new water ditch with its "man-made naturalness" collects the watercourses from the upper regions of the garden and leads them into the pond near the entrance, where they join the re-emerging Birsig again.

As with the enclosure ditches, the safety walls on the sloping terrain must also match the natural environment of the garden if they are to fit into the picture. As a sedimentary rock conglomerate, the so-called "Nagelfluh", can be found in the vicinity, the use of a similar man-made material, which is easy to produce and fits in organically with the site, seemed plausible. This unobtrusive synthetic "Nagelfluh" allowed us to shape partitions at the back of the enclosures so naturally that they distract no attention from the animals themselves, whilst blocks of natural rock would necessarily have awakened the more or less conscious interest of the visitor by their structural configuration. Besides, our synthetic material can be used to satisfy certain maintenance needs, such as the nesting facilities shaped in the back wall of the hermit ibis aviary.

One day, all the enclosures located on the slope behind the aviary and the wolves' compound will be linked together visually by the use of this medium – a fact which will act on the visitor's unconscious mind and help him experience nature's fundamental coherence and unity at first hand.

Tiergehege auf eine das Tier nicht konkurrenzierende Art zu formen, was bei der Anwendung von gebrochenen Natursteinen kaum ohne mehr oder weniger stark ins Bewusstsein des Besuchers dringende Gestaltung möglich wäre. Es lassen sich auch tierhalterische Zielsetzungen damit erfüllen, wie z.B. die in der Rückwand der Waldrappenvolière (1973) angelegten Nistmöglichkeiten.

Eines Tages werden alle an der Böschung der Waldrappenvolière und des Wolfgeheges liegenden zukünftigen Tierbezirke durch dieses geologische Motiv durchgehend miteinander verbunden sein. Es liegt darin ein Mittel, den Zusammenhang, der in der Natur waltet, über die Anschauung dem Publikum mitzuteilen und unbewusst wirksam werden zu lassen.

Bei der immer grösser werdenden Besucherzahl steht die Wegführung und ihre Gestaltung im Mittelpunkt. Der Anblick dieser Menschenmassen muss, in seiner Dominanz und farbigen Aufdringlichkeit den wenigen Tieren gegenüber, durch Vegetationskulissen oder Geländeüberschneidungen ganz oder teilweise gemildert werden. Leider haben die früheren naturhaften Mergelwege schon in den 20er Jahren dem sauberen, aber unlebendigen Asphaltbelag weichen müssen. Durch das Erhöhen des Reliefs im Gelände wird nun der Asphaltbelag, wo immer es angeht, bei Wegkrümmungen zum Verschwinden gebracht, sodass nur relativ kurze Wegstücke als solche in Erscheinung treten und der übrige Verlauf des Weges nur durch die teilweise sichtbaren Besucher erahnt wird; es sei denn beabsichtigt, überraschend jenseits eines Geheges Weg und Besucher wieder sichtbar werden zu lassen und damit das Gefühl der Weite des Gartenraumes zu steigern. Überhaupt

Considering the increasing stream of visitors, the layout and design of the pathways' is of fundamental importance. In relation to the low number of animals, the effect of these colourful, dominant human crowds must be softened. They should be screened off as far as possible by vegetation or by the terrain itself. Unfortunately, the original marl paths were covered with asphalt in the nineteen-twenties, which gives them a clean, but lifeless aspect. By emphasizing the terrain's contours, these dull asphalt surfaces will be hidden from view as far as possible, remaining visible only for short stretches, while the rest of the path can merely be guessed at through a glimpse of the crowd – unless one wants to bring the path and the visitors into sudden view behind some enclosure to give the impression of greater spaciousness. Altogether, the greatest possible variety of enclosed or open spaces should be created, adapted to the needs of the animals shown in this rather narrow and not very extensive site, though always remaining true to the scale of the garden.

Nowhere does the path come into immediate contact with the animal enclosures: strips of vegetation, watercourses or dry ditches keep them separate. The enclosures are no longer arranged along both sides of the path, they are grouped on one side or the other in an alternating rhythm, with areas of open vegetation between them. The paths lead more or less directly to certain vantage points from which some animal enclosure and its inhabitants can be observed; but they always call for a slow, leisurely stroll. Numerous other viewpoints which are not determined in advance, but which the visitor chooses for himself or which may turn up unexpectedly, make him respond more actively to what he

kommt es darauf an, in dem verhältnismässig schmalen und nicht besonders grossen Garten möglichst viele untereinander in Zusammenhang stehende einzelne Räume zu schaffen, übereinstimmend mit den gezeigten Tieren und in einer Massstäblichkeit, die harmonisch der Grösse des Gartens entspricht. Der Weg berührt nirgends mehr unmittelbar das Tiergehege: Vegetationsgürtel, Wasser- oder Trockengraben liegen trennend dazwischen. Die Tiergehege liegen nicht mehr gleichzeitig auf beiden Seiten entlang des Weges, sondern in rhythmischer Ordnung bald rechts, bald links, im Wechsel mit offener Vegetation. Die Wege führen mehr oder weniger direkt zu bestimmten Standorten, von welchen sich der Einblick in ein einzelnes Tiergehege öffnet; sie entsprechen aber immer einem flanierenden Spazierengehen. Die vielen nicht festgelegten Einblicke, die jeder Besucher sich selbst aussuchen oder sich überraschend bieten lassen kann, erhöhen die Aktivität seiner Betrachtung und verhindern, dass er wie in einer Ausstellung oder Sammlung von Gehege zu Gehege geht. Durch den ständigen Wechsel von lockenden Aus- und Einblicken mit Partien, die die Fortsetzung und die Tiere verbergen, erhält der Spaziergang erst Gliederung und Spannung. Diesen Zielsetzungen kommen viele Partien und Motive in den alten und ältesten Teilen des Geheges entgegen, und sie bieten manche Ansatzstellen zu sinnvoller Integration.

Mit den Mitteln der eigentlichen Geländemodellierung in- und ausserhalb der Gehege wird ein durch den ganzen Garten gehender räumlicher Zusammenhang angestrebt, der in logischer Übereinstimmung zur ursprünglichen Topographie des Geländes steht, sodass sich durch den ganzen Garten hin-

sees and keep him from passing automatically from one enclosure to another as if he were at an exhibition or in an art gallery: the continuous change between fascinating sights and stretches where the rest of the path and the animals remain hidden conveys structure and interest to his stroll. In the older and oldest portions of the enclosures, we find many elements and themes which already answer this purpose and can be successfully integrated into the new scheme.

The landscaping inside as well as outside the enclosures aims to create a spatial coherence that is logically congruent with the original topography of the site, making old and new constructions compatible with each other and blending them into an overall structure throughout the garden.

The flow of space, although necessarily divided into single compartments by the enclosures, will be emphasized by appropriate planting and accentuated by harmonious transitions. Plants will be chosen along symbolic rather than imitative lines, recalling the original environment of the animals, but above all for their adult size, density, winter foliage, thorniness etc., in accordance with the architectural needs which command the overall spatial structure. Large-leaved herbaceous plants create the illusion of dampness, while hairy, dark or greyish foliage would be typical of a warm and dry climate. The vegetation should be self-regenerating, which is the hallmark of a natural landscape.

Thus, almost all the usual garden features of human invention – flower-beds, well-cut hedges and trees, lawns, etc. – have disappeared over the course of the years, gradually replaced by wild plants collected in the Jura woods and meadows or on the borders of swamps and ponds, to make room for the

durch alte und neue Anlagen angleichen und sich miteinander verflechten.
Die sich aus den Gehegen ergebende Gliederung in einzelne Räume wird durch übereinstimmende Bepflanzung verdeutlicht und durch fliessende Übergänge verbunden. Die Wahl der Pflanzen richtet sich mehr symbolhaft als nachahmend nach dem Charakter der Landschaft, aus welcher die Tiere stammen, vor allem aber auch, was die ausgewachsene Pflanzengrösse, Dichtigkeit, Wintergrüne, Belaubung, Stacheligkeit usw. betrifft, nach den architektonischen Erfordernissen, nach denen diese Räume gebildet werden. Grossblättrige, krautige Pflanzen geben die Illusion von Feuchtigkeit, Pflanzen mit behaarten, dunklen oder graugetönten Blättern deuten auf Wärme und Trockenheit.
Die Bepflanzung soll sich selber regenerieren, was das Kennzeichen einer natürlichen Landschaft ist. So sind im Laufe der Jahre alle typisch vom Menschen geformten Gartenmotive, wie Blumenbeete, geschnittene Hecken und Bäume, gepflegter Rasen usw. weitgehend verschwunden. Dafür werden immer mehr Wildpflanzen aus den Wäldern des Jura, aus Sauerwiesen und der Umgebung von Sümpfen und Teichen im Garten angesiedelt mit dem Ziel, allmählich dem ganzen Reichtum naturhafter Vegetation im Garten Raum zu geben. Die Arbeit der Gärtner ist dadurch nicht kleiner, nur hintergründiger geworden: sie umfasst zur Hauptsache das ständige diskrete Wiederherstellen optimaler Vegetationsbilder, die durch ihre Zweckbestimmung mit Bezug auf das Tiergehege einerseits eine gewisse Konstanz fordern, anderseits durch ihr natürliches Wachstum und Absterben ständigen Veränderungen unterworfen sind. Für die herrliche Eiche am Rande der Festwiese, welche vom Blitz so

whole wealth of the local vegetation inside the Zoo gardens. This in no way lessens the gardeners' work, it only makes it less ostentatious: most of their effort is devoted to restoring the vegetation pattern continuously and discreetly to its optimal effect – an effect which, in its functional relation to the enclosures, demands a certain permanence on the one hand, while it is subjected to constant change by natural growth and decline on the other. For instance, a young tree must be planted to replace the magnificent old oak which was so badly struck by lightning that, despite their efforts, the gardeners were not able to make it survive – but only our great-grandchildren will have the pleasure of contemplating it in all of its size and splendour. The question of which trees to plant and where to locate them is inseparably linked to the general layout of the garden as it has been developed from its basic pattern during the past fifteen years.
With the inclusion of the "Nachtigallenwäldchen", the possibilities of enlarging the garden area have, for the time being, reached a limit; the upper portion of the new grounds was used to construct the enclosures for wild boars, musk oxen, bison and wisents (1967), whilst the lower area accomodated the new entrance buildings (administration, box office, kiosk and café, 1966) and the Vivarium, accessible from the entrance, with the adjacent enclosures for the bongoes and wild donkeys (1972). The greater part of the remaining space is reserved for the so-called Children's Zoo, where all the animals that come nearest to a child's experience are to be gathered.
In short, we may say that the primary aim of our multiple and costly efforts is to preserve the Zoo's

stark getroffen wurde, dass sie trotz aller gärtnerischen Bemühung nicht mehr zu retten war, wurde ein junger Baum an demselben Ort gepflanzt. Doch erst unsere späten Nachkommen weden wieder die Freude haben, zu seiner ganzen möglichen Grösse und Schönheit aufschauen zu können. Die Planung für den Baumbestand ist nicht zu trennen von der Gesamtplanung, die seit ungefähr 15 Jahren konsequent aufgrund der für diesen Garten erarbeiteten Gestaltungsformel weiterentwickelt wird.

Mit der Erweiterung durch das Nachtigallenwäldchen sind die Wachstumsmöglichkeiten des Gartens vorläufig an ihre Grenzen gekommen; dieser letzte Zuwachs ist zuerst von der oberen Partie her mit den neuen Gehegen für Wildschwein, Moschusochsen, Bison und Wisent (1967) ausgebaut worden, dann mit den neuen Eingangsgebäuden (Verwaltung, Kasse, Kiosk und Café, 1966) und dem Vivarium vom Eingang her, mit den anschliessenden Gehegen für Bongo und Wildesel (1972). Was jetzt noch an freiem Raum zum Ausbau verbleibt, ist zum grossen Teil dem sogenannten Kinderzoo vorbehalten, in welchem Bereich alle die Tiere vereinigt werden sollen, die der kindlichen Erlebniswelt besonders nahe stehen.

Zusammenfassend kann gesagt werden, dass das oberste Ziel der vielfältigen und aufwendigen Bestrebungen die Kontinuität eines von Tieren bewohnten Gartens ist. Nach den gleichen Prinzipien soll sich der Weg nicht nur durch den Garten, sondern auch in und durch die Tierschauhäuser fortsetzen. So wird der Besucher den Zoo wirklich als einen gewachsenen, in sich verankerten Organismus erleben können, dessen Vielschichtigkeit ihm zwar bewusst ist, ihm aber nie zur Belastung werden darf. Sowohl das Affenhaus wie das Vivarium sind aus dieser Gesinnung heraus konzipiert worden.

essence as that of a garden inhabited by animals. If we want the visitor to experience the Zoo as a naturally grown, organic whole, rooted in itself, whose complexity he should be aware of although it must never weigh on him, his circuit must lead him into and through the animal houses as well as across the garden.

Our monkeyhouse, as well as the Vivarium, were conceived along these lines.

Anna Brägger

Von der Gestaltung eines Gartens
zum Lebensraum für Tiere

Als langjährige Herausforderung zur Erprobung vielfältiger Möglichkeiten, eine raumvergrössernde Wirkung zu erzielen, diente meinem Vater der räumlich sehr begrenzte Privatgarten in Riehen. Dort hat er beispielhaft eine so grosse Weitenwirkung und Formenvielfalt erreicht, dass man vergisst, sich im städtischen Raum zu befinden.

From the design of a private garden to
the creation of a natural environment for animals

Over many years, my father felt challenged to test the numerous ways of creating an impression of greater space – in his own small garden in Riehen. There, he achieved such a model of spaciousness and variety of form that one forgets one's urban surroundings.

Typologie des Gartens

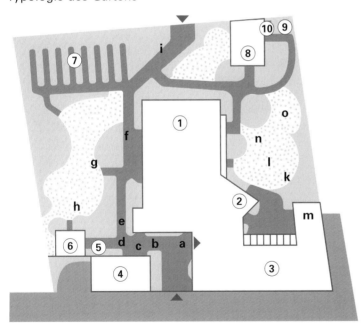

① Wohnhaus
② Atelier
③ Werkstatt
④ Garage
⑤ Regenwasserbecken
⑥ überdachter Sitzplatz
⑦ Gemüsegarten
⑧ Gartengeräteschuppen
⑨ Kompostplatz
⑩ Regenwasserbecken

Peter Studer

Der Zoologische Garten Basel und Kurt Brägger

«Also Gross und Klein bleibt immer relativ. Nicht wie er ist, sondern wie er uns erscheint, beurteilen wir jeden Gegenstand, und gerade hier ist dem Gartenkünstler ein weites Feld geöffnet.»   Fürst Pückler

Kurt Brägger hat von 1953 bis 1988 als freier externer Mitarbeiter den Zoologischen Garten Basel gestaltet und die Parkatmosphäre geschaffen, die wir heute bewundern und geniessen. Er zählt zu den faszinierendsten Persönlichkeiten, denen ich begegnet bin. Den Zoologischen Garten Basel hat er nicht nur als Einheit von Parkanlage und Tiergehegen geformt, er hat auch uns, die wir mit ihm gearbeitet und diskutiert haben, geprägt. Öffentliche Anerkennung und Dank hat er nie gesucht. Das heisst aber nicht, dass er sie nicht auch geschätzt hätte. Verdient hat er sie in hohem Masse, obwohl bei seinem Tode 1999 seine grosse Leistung für den Zoologischen Garten und damit auch für die Stadt Basel in der Öffentlichkeit in keiner Weise gewürdigt wurde. War er Vielen zu unbequem? Er schonte weder sich noch uns «Gewöhnliche» und noch weniger die sogenannt Mächtigen, und manche nahmen ihm das wohl übel.
Der Versuch, sich einer herausragenden Persönlichkeit wie der Kurt Bräggers zu nähern, macht es nötig, sich der eigenen Schwächen bewusst zu sein und von Anfang an zu akzeptieren, dass dieses Unterfangen Stückwerk bleiben wird. Einschränkend kommt dazu, dass das Arbeitsgebiet Zoologischer Garten Basel nur einen Teil von Bräggers Wirken darstellt. Für das Verständnis seiner Arbeitsweise

Peter Studer

The Basle Zoological Garden and Kurt Brägger

«Well, big or small is always relative. We judge any object not as it is, but as it appears to us, and it is exactly in this that a large field is open to the garden artist.»   Prince Pückler

Kurt Brägger designed the Basle Zoological Garden from 1953 to 1988 as a freelance collaborator, creating the park's atmosphere which we admire and enjoy today. He was one of the most fascinating persons I have ever met. Not only has he shaped the Basle Zoological Garden as an indivisible unit of landscape garden and animal enclosures, but he has also succeeded in forming us, who worked and discussed with him. He never asked for public recognition or thanks – which he might have appreciated, and, at any rate, would have fully deserved. In spite of this, his great achievement for the benefit of the Zoological Garden and, consequently, for the town of Basle was not publicly acknowledged when he died in 1999. Had people found him too troublesome? He had spared neither himself nor us "ordinary" people, and even less the high and mighty, and that may have been resented by many.
To attempt an approach to such an outstanding personality as Kurt Brägger means to be conscious of our own weaknesses and to accept from the start that our efforts will remain incomplete. The fact that designing the Basle Zoological Garden was only one of the fields Brägger was active in is a further handicap. Above all, in order to understand the way he worked, it is imperative to be familiar with the profession from which he came. Kurt Brägger shaped the Zoo's landscapes in the same way in which,

unabdingbar ist aber vor allem die Kenntnis seiner beruflichen Herkunft. Kurt Brägger hat immer wieder die Zoolandschaften gestaltet, wie er als Keramikermeister seine Schöpfungen aus Ton geformt, zusammengeworfen und neu geformt hat. Das stiess bei Menschen aus anderen Berufssparten gelegentlich auf Unverständnis. Kurt Brägger war auch Perfektionist, nicht aus Selbstgefälligkeit, sondern weil er wusste, wie wichtig es in diesem kleinen Zoo ist, dass auch die Details stimmen. Nach Jahren wird allerdings niemand fragen, ob eine Anlage mehr oder weniger Schweiss gekostet hat, ein paar Wochen früher oder später fertig geworden ist, entscheidend ist bloss, ob sie stimmig ist und die angestrebte Wirkung erzielt. Im Endeffekt war seine unkonventionelle Arbeitsweise für den Zoo Basel auch erstaunlich günstig. Seine geistige Durchdringung des Gartens sparte oft die Kosten für Idee und Vorprojekt, weil seine Gedanken schon projektreif waren, wenn die Gartenleitung ihre Wünsche formulierte. Kurt Bräggers Forderungen waren zudem immer moderat und den Möglichkeiten einer privaten, gemeinnützigen Nonprofit-Gesellschaft angepasst.

Die Wirkung Kurt Bräggers ging über die konkrete Gestaltung des Gartens weit hinaus. Er hat die «Gartengesinnung», wie sie heute gilt, massgeblich mitgeprägt, teils über sein gestalterisches Wirken, aber ebenso durch seine vielen grundsätzlichen Gespräche mit Menschen, die in diesem Zoo, für diesen Zoo arbeiteten.

Durch Kurt Brägger ist die Gartengestaltung zu einem unverzichtbaren Mittel der Zoopädagogik geworden. Zoopädagogik sei hier im weitesten Sinne als Vermittlung der Botschaften der Zootiere an die

as a master ceramist, he shaped his creations in clay, only to crush them flat and to shape them anew once more. This sometimes met with a lack of understanding in people who worked in a different field. In a way, Kurt Brägger was also a perfectionist, not from vanity, but because he knew how important it was, given the smallness of our Zoo, for the details to be just right. After so many years, no one will ask how much sweat and effort a construction has cost or how many weeks sooner or later it was completed – the only really important thing is whether it is harmonious and produces the desired effect. In the end, Brägger's unconventional way of designing was amazingly profitable for the Basle Zoo. His total comprehension of the garden's needs often saved the cost of commissioning ideas and preparatory projects, because the project was already ripe in his mind by the time the garden administration expressed its wishes. Besides, Kurt Brägger's fees were always extremely moderate, adapted to the restricted budget of a private, non-profit organization of public interest.

Kurt Brägger's impact went far beyond the actual shaping of the Zoo garden. He has contributed significantly to the "garden philosophy" of today – partly by his designs, but just as much by his many fundamental conversations with the people who worked in, and for, this Zoo.

Thanks to Kurt Brägger, our Zoo landscape has become an essential means of zoo pedagogics: zoo pedagogics being understood in the word's most extensive meaning, as the communication of the zoo animals' message to mankind. Let us imagine walking along the path that leads from the city to the

Fussweg entlang des Birsig

Footpath along the Birsig

Menschen verstanden. Nehmen wir im Geiste den Weg von der Stadt in den Zoologischen Garten unter die Füsse. Wir starten in einer ausschliesslich von Menschen gemachten Welt voller Hektik. Reklame in allen Formen und Farben drängten sich uns auf. Dazu umbrandet uns ein Gewirr bewegter Menschen, zu Fuss, auf Rollen und auf Rädern, aus eigener Kraft oder von Motoren getrieben. Wir sind überflutet von optischen und akustischen Reizen und helfen uns mit dem von der Natur zur Verfügung gestellten Mittel, indem wir die meisten dieser Reize unterdrücken. Im Extremfall werden uns noch zwei Arten von Reizen bewusst: Zum einen die aus dem Bereich der aktuellen Gestimmtheit. Das heisst, wenn wir hungrig sind, fallen uns die Auslagen und Schilder der Lebensmittelgeschäfte auf. Zum andern die aus dem Gefahrenbereich. Das Hupen von Autos, Klingeln von Fahrrädern oder der Klang der Martinshörner. Den guten Bekannten sehen wir erst, wenn er uns anspricht.

Vor dem Zoo kommen wir als reizabwehrende passive Konsumenten an. Wir bezahlen den Eintritt und betreten den Garten in der Erwartung, Wildtiere präsentiert zu bekommen. Die Gebäude weichen links und rechts zurück, und vor uns öffnet sich in wohltuendem Grün die Parkanlage. – Doch wo bleiben die Zootiere? – Es braucht diese Frage, es braucht, um uns zu verändern, die Ungeduld und den leichten Frust darüber, dass die Gartenanlage uns vorenthält, wofür wir doch bezahlt haben. Aus reizabwehrenden werden wir offene Menschen. Wir lenken unsere Füsse zielgerichtet dorthin, wo wir hinter einem Blättervorhang halb versteckt ein Tier vermuten. So werden wir aktiv. Die aktive reiz- und erlebnisoffene Haltung, zu der uns die Gartenanlage führt, ist die Voraussetzung dafür, dass wir den

Zoological Garden. We start from an exclusively man-made, extremely hectic world, with the media in all its many forms and colours forcing itself upon us, with a chaotic crowd of people, all moving on foot, on skates or on wheels, driven by their own energy or by motors, surging around us. We are overwhelmed by visual and acoustic stimuli, defending ourselves as best we can by the means Nature has given us, i.e. by suppressing most of them. At worst, we are aware of only two kinds of stimuli: first, those which reflect our actual state of mind. For instance, when we are hungry, we notice the displays and signboards of the food stores. Secondly, we need those that signal danger: cars honking, bicycle bells ringing, ambulances or police cars sounding their sirens. Not until an acquaintance addresses us do we notice his presence.

We arrive at the Zoo gates as passive consumers, impervious to outside stimuli. After paying our fee, we enter the garden, expecting to find wild animals shown to us. The buildings to the right and left recede, and the soothing green of the park landscape opens up before us. But where are the animals? We need this question – in order to change, we need the impatience and the slightly frustrating experience of having what we paid for withheld from us. Instead of closing our minds to stimuli, we grow receptive. Our feet take us unhesitatingly to the place where we expect to find an animal, half hidden by the screen of leaves. We grow active. This active receptiveness to stimulation and experience, which is induced by the design of the garden, is the sine qua non condition for our really meeting the animals and recognizing them as representatives of their environment and of the community in which they live.

Baumbestand 1948

The trees as they existed in 1948

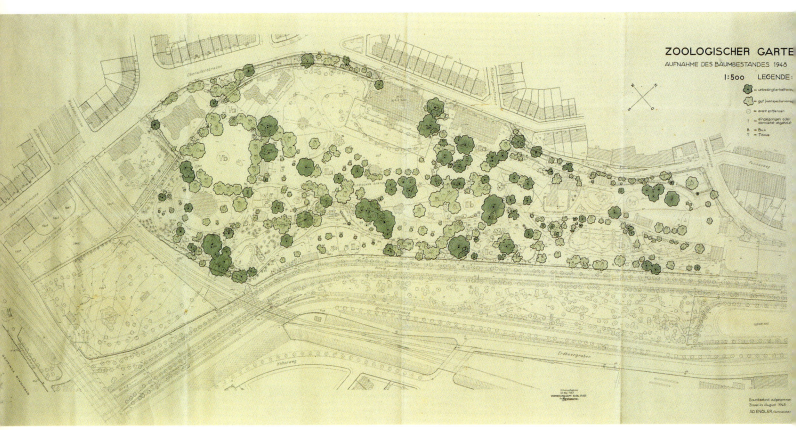

Zootieren auch wirklich begegnen und dass wir in ihnen Botschafter ihres Lebensraumes und dessen Lebensgemeinschaft erkennen können. Die Art und Weise, wie der Garten seine Besucherinnen und Besucher empfängt, schafft diese neue Einstellung.

Vorenthalten, Verstecken und Zeigen, Spannung und Entspannung, das sind Mittel, mit denen Kurt Brägger den Tieren die ihnen zustehende Aufmerksamkeit sichert und mit denen er die Neugierde und das Interesse der Besucherinnen und Besucher wach hält.

Mit zu dieser Sicht- und Arbeitsweise gehört auch der Mut zur Lücke. Der Zoologische Garten Basel ist mit seinen gut 11 Hektaren ein kleiner Innerstadtzoo. Das gilt auch dann, wenn der letzte noch denkbare Quadratmeter Umgebung dem Zoo zugeschlagen würde. Was läge da näher, als die aus den Gründerjahren stammenden Grünflächen von den Weihern bis zum Etoscha-Haus für neue Gehege zu nutzen. Das Bewusstsein, dass dies nicht geschehen darf und dass auch die grünen Freiräume wesentlich dazu beitragen, den Garten grösser erscheinen zu lassen als er ist, hat Kurt Brägger uns mitgegeben.

Das subjektive, emotionale Erlebnis von Weite hat nicht zuletzt viel mit der Wegführung zu tun. Sie unterstützt das Spiel des Öffnens und Verbergens von Aus- und Einblicken. Mehrmals durchmessen wir den gleichen Raum in unterschiedlicher Richtung, und er vermittelt uns, immer neu, einen völlig anderen Erlebnisgehalt. Wir sehen die Elefanten zwischen Büschen in grosser Distanz, ohne die Abgrenzung zwischen ihnen und uns wahrzunehmen, oder die Büffel von der Kante der Geländeterrasse aus durch

Our new awareness is aroused by the way in which the garden welcomes the visitors.

To withhold, to conceal and to exhibit alternately, to change between tension and restfulness, these are Kurt Brägger's means of ensuring that the visitor grows truly attentive to the animals and shows them the respect they deserve. This is his way of keeping the spectator's curiosity and interest alive.

One feature of this strategy is the courage to leave gaps. With its area of not quite 25 acres, the Basle Zoological Garden is a very small urban zoo. This would be the case even if its surroundings were exploited up to the last square foot. What would be more obvious than to use the green areas created in the 1890s to build new enclosures? That this should not be done, and that the green areas in themselves are an essential element in making the garden appear larger than it is, remains an important insight we owe to Kurt Brägger.

In the end, the subjective, emotional experience of space has a lot to do with the design of the pathways which emphasizes the alternating rhythm of concealment and disclosure, vegetation screens and interesting glimpses towards or into the enclosures. We cross the same area several times, but in different directions, and each perspective conveys a new and different experience. We perceive the elephants through the bushes from a great distance without being aware of the enclosure that separates them from us, or the buffaloes from the upper edge of the rise through an opening between the trees. Later on, the winding path leads us directly to the same groups, so that we feel we could almost touch them. This scheme of varying vantage points and perspectives is not used for the garden alone. The

ein Fenster im Laub der Bäume. Später führt uns der geschwungene Weg direkt auf die gleichen Gruppen zu, und wir erleben sie neu aus grosser Nähe. Dieses Spiel mit verschiedenen Durchblicken und Perspektiven gilt nicht nur für den Garten als Ganzes. Auch bei den grösseren Gehegen öffnen uns unterschiedliche Einblicke Varianten des Erlebens der gleichen Tiergruppen im selben Raum.
Fundament dieser Art von Gartengestaltung ist für Kurt Brägger eine ganzheitliche Auffassung von Zoolandschaft, in der die Bereiche der Pflanzen, der Tiere und der Menschen eine Einheit bilden.
Dieser Logik entspricht es, wenn Kurt Brägger die Gestaltungsprinzipien des Gartens sinngemäss auch in den Häusern zum Tragen bringt. Dadurch wurde, als Beispiel, das Vivarium zu einem Aquarien- und Terrarienhaus, das auch heute noch, in einer Zeit, in der sich die Haltung von Wassertieren den gigantischen Wassertanks und den Glastunnels durch riesige Wasserräume zugewandt hat, vom Publikum geschätzt und von der Fachwelt hoch geachtet wird. Betreten wir in unserer Vorstellung einen der klassischen Aquarienräume, wie sie bis in die sechziger Jahre des 20. Jahrhunderts gebaut wurden. Bereits unter der Tür überblicken wir die ganze Reihe der Aquarien, die meist in genormter Grösse, in strenger Regelmässigkeit die Wände eines rechteckigen Raumes säumen. Fische, Fische und wieder Fische vom ersten bis zum letzten Becken. Diese Aneinanderreihung tötet jede Neugier. Auch führt sie zu Reizüberflutung und produziert Abwehr, Langeweile und rasches Ermüden. Im Basler Vivarium hingegen führt uns der gewundene Weg vom Einblick in den Vivariumsweiher, den wir gerade noch von oben betrachtet haben, immer tiefer ins Wasser und schlussendlich ins Meer. Unmerklich steigen wir

larger enclosures and animal houses offer us the same choice of different angles from which to view and observe a certain group of animals within a single space.
Kurt Brägger's approach to the garden's design is founded on his vision of the Zoo landscape as an indivisible entity, in which the different realms of the plants, the animals and the human beings are blended into one.
To have based the design of the animal houses on the same principles, in essence, as that of the garden meets the same logic. For example, thanks to Brägger's approach the Vivarium was turned into an aquarium and terrarium building which is still popular with the public and highly valued among experts even today, when we can see water animals kept in gigantic water tanks and swimming through glass tunnels across huge expanses of water. Now let us imagine we are entering one of the classical aquarium buildings as we know them from the sixties of the late twentieth century. Already from the doorway, we command the view of the whole row of aquariums, which are mostly identical in size, lined up along the walls of a rectangular room with strict regularity. Fish, fish and more fish from the first to the last container. To exhibit things in this additive way kills curiosity from the first. Again, we are submerged by stimuli to which we refuse to react, which bore us and of which we soon grow tired. In the Vivarium, on the contrary, the winding passage leads us from the Vivarium pond, which we have just contemplated from above, deeper and deeper down into the water and finally, into the sea. Very gradually, we then go upwards again until we cross the boundary between water and solid ground. Without

alsdann wieder nach oben, durchschreiten den Grenzraum von Wasser und Land. Ohne dass uns das bewusst wird, vollziehen wir den Schritt der Evolution von den Wasserlebewesen zu den Landlebewesen nach. Doch nicht nur die grossen Linien des Weges leiten uns. An jeder Stelle öffnen uns nur wenige Aquarien Einblicke in ihre Wasserwelten. Schon krümmt sich der Weg und das nächste Aquarium sehen wir nur noch angeschnitten. So ahnen wir, dass es dahinter weitergeht. Aber wie? Immer wieder baut sich Spannung auf, und wir bleiben neugierig.

Kurt Brägger geht es um das Erzeugen einer alles einbeziehenden Stimmung, in deren Zentrum eine optimale Begegnung der Menschen mit Tieren und Pflanzen möglich wird. Daraus folgt, dass für ihn Wege, Abschrankungen und Tierhäuser, ebenso wie Skulpturen und Blumenbeete, unerwünschte Ablenkung vom Wesentlichen sind. Er hat sie so weit wie möglich verschwinden lassen oder harmonisch ins Ganze integriert. Nie finden wir lange gerade Wege. Sie schlängeln sich in natürlichen Windungen, und geschickt verdecken uns Büsche den Wegabschnitt hinter der nächsten Kurve. Auch wenn die Wegführung den Menschen meist bescheiden zurücknimmt und als Beobachter an den Rand verweist, vermittelt die Gartengestaltung dennoch das Gefühl, im gleichen Raum wie die Tiere zu sein. Gitter als Trennung von Menschen und Tieren sind für die Tiere lediglich eine Variante eines Hindernisses. Für die Menschen sind sie ein Problem, weil damit Eingesperrtsein assoziiert wird. Kurt Brägger hat es meisterhaft verstanden, dafür zu sorgen, dass das Tier und nicht die Begrenzung seines Lebensraumes im Zentrum der Aufmerksamkeit von Besucherinnen und Besuchern steht. Mit der glei-

being aware of it, we have followed evolution in its great step from the aquatic creatures to the creatures of the land. But it is not only the circuit at large which guides us. At any given point, only a small number of aquariums provide insight into the underwater world. But already, a bend in the path gives us a glimpse of the next aquarium, making us guess that the circuit goes on. But what will come next? Time and again, our interest is awakened, so that we remain curious. What Kurt Brägger was aiming at was to build up an encompassing atmosphere which would allow human beings to encounter the animal world as comprehensively as possible. Accordingly, for him, pathways, barriers and animal houses as well as sculptures and flower-beds were only unnecessary distractions from his essential purpose. As far as possible, he concealed them or integrated them harmoniously into the whole. Never do we find long straight pathways. They wind along in natural curves and bends, and the stretch of path that lies behind the bend is carefully hidden from view by bushes. And although the arrangement of the paths tends to turn man into a modest spectator from the wings, the landscaping of the garden gives him the feeling of sharing the animals' space. For the animals, bars and railings are merely another obstacle. For human beings, they constitute a problem, because they are associated with captivity. Kurt Brägger was a master at turning the visitor's attention towards the animal instead of its enclosure. He was equally careful to screen the surrounding town from view, at least in the summer, so that it should not spoil the experience of viewing the animals.

Consequently, the construction of the animal houses should not steal the animals' show either. The

Zukunftsplan 1974

Project for future development 1974

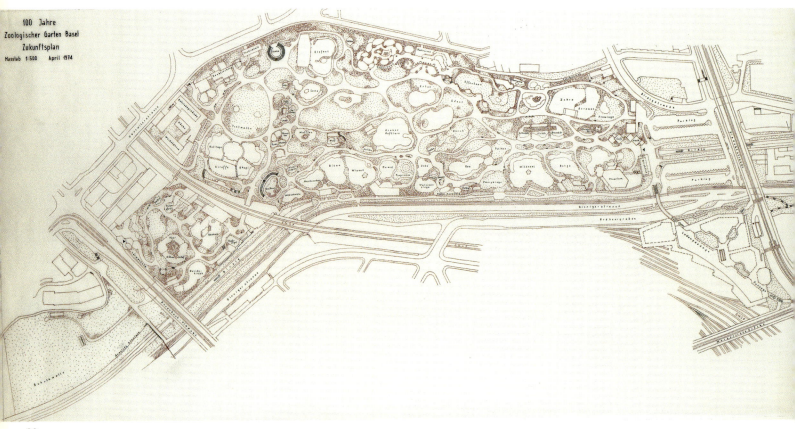

chen Umsicht hat er dafür gesorgt, dass mindestens im Sommer die Stadt optisch ausgegrenzt bleibt und das Tiererlebnis nicht stört.

Konsequenterweise sollen auch die Häuser möglichst den Tieren nicht die Schau stehlen. Die Betonwände des Affenhauses, dessen Dach weitgehend als Gartenteil gestaltet ist, werden so zu analogen Strukturen zu den Felspartien natürlicher Geländekanten im benachbarten Jura. Der Stall der Bongos und Wildesel liegt tiefer als die Aussenanlage und wird verdeckt durch den Grüngürtel, der dem Bongogehege den Anschein einer Waldlichtung gibt, und im Besuchergang des Aquariums sind die Wände in einer «Unfarbe» gestrichen. Sie werden nicht als Mauern wahrgenommen, da der Blick, dem Lichte folgend, von Unterwasserlandschaft zu Unterwasserlandschaft springt. Selbst die Beschriftungsschilder der Aquarien unterliegen dieser Zurückhaltung. Sie sind nur beleuchtet, wenn der interessierte Mensch den dafür vorgesehenen Knopf drückt. Das Ziel ist immer dasselbe. Die Aufmerksamkeit der Menschen soll auf das Tier konzentriert und nicht durch störende andere Eindrücke abgelenkt werden.

Nur scheinbar im Kontrast dazu hat Kurt Brägger im Terrarienteil die Felsformation «Nagelfluh» durch alle Terrarien hindurchgezogen. Er verzichtete damit darauf, in jedem Terrarium wieder einen anderen Ausdruck von Landschaft und dazugehörigen Strukturen zu erfinden. So lässt er auf kleiner Grundfläche den Eindruck von zusammenhängendem Raum und Weite entstehen und verhindert, dass sich die Aufmerksamkeit den Strukturen zuwendet.

concrete walls of the monkeyhouse, whose roof was designed to form part of the garden, are analogous in structure to the rock borders of natural slopes in the neighbouring Jura. The bongoes' and wild donkeys' stable is located below the outer enclosure and hidden by the strip of green which gives it the aspect of a clearing in the woods, and the walls of the visitors' passage leading through the aquariums have been painted a "non-colour". They are not perceived as walls at all as the eye jumps from one subacqueous landscape to the other, following the light. Even the information panels bearing the names and origins of the fish are unobtrusive: to light them up, the interested visitor must press a button. All this serves the same purpose: people's attention should concentrate fully on the animal, without interference by detail impressions. Throughout the terrariums, Kurt Brägger used a rock conglomerate we call "Nagelfluh" to shape the interiors. This may appear inconsistent with his ideas but, on the other hand, it avoided inventing a different landscape with its separate structure and expression for each animal's territory and allowed him to create an impression of continuity and spaciousness within a very limited area. Again, the structures themselves detract no attention from the animals.

"Nagelfluh" was not invented by Kurt Brägger. It is a natural geological feature of the landscape surrounding the Basle Zoological Garden, as well as being typical of existent or former river and lake landscapes in many regions of our planet.

Shortly before the turn of the twentieth to the twenty-first century, the principles of animal maintenance began to develop at an accelerated rate at Basle Zoo as everywhere else in the world. In planning the

Nagelfluh als Felselement hat Kurt Brägger nicht erfunden. Sie ist Teil der Landschaft, in welcher der Zoologische Garten Basel liegt, und sie ist überdies typisch für aktuelle oder ehemalige Fluss- und Seelandschaften an vielen Stellen auf unserem Planeten.

Kurz vor dem Übergang vom 20. zum 21. Jahrhundert hat sich das Tempo der Weiterentwicklung der Tierhaltung auch im Zoo Basel beschleunigt. Die Planung der baulichen Umsetzung dieser Entwicklung führt zwangsläufig auch zur Veränderung von Strukturen, die von Kurt Brägger geschaffen wurden. Es ist darum umso wichtiger, dass die Zooleute und die Gartengestalter sich intensiv um die Ziele und Prinzipien von Kurt Brägger bemühen, damit die weit über die Grenzen Basels hinaus wahrgenommene Qualität dieses Tier-Mensch-Gartens auch in Zukunft erhalten bleibt. Orientieren können wir uns am Brägger'schen Zoo, uns stehen seine wenigen schriftlichen Äusserungen zur Verfügung, und die Artikel von L. Burckhardt und H. Kükelhaus zu Bräggers Arbeit ergänzen das Bild. Nicht zuletzt empfehlen sich auch die Schriften des Fürsten Pückler, die Kurt Brägger immer wieder studiert hat.

Zwei Gefahren für eine Weiterentwicklung in diesem Sinne sind gerade in unserer materialistischen Zeit allgegenwärtig: Erstens die Gefahr, dass sich die für die Tierhaltung Verantwortlichen der meist schwierigen und aufwendigen Auseinandersetzung mit der Gestaltung entziehen, weil sie rasche, einfache und funktionale Lösungen oft erschwert und zu Synthesen zwingt, die nur in harter geistiger Auseinandersetzung gefunden werden können. Zweitens die Gefahr, dass die gestalterische Strenge und Disziplin marktschreierischen, vermeintlich lukrativen Effekten geopfert wird. Würde der Zoo die-

architectural transformations this development calls for, some of the structures created by Kurt Brägger will necessarily be modified too. This makes it even more important for the Zoo people and the landscape designers to be deeply aware of Kurt Brägger's aims and principles, so that the unique quality of this garden, which was designed for human beings and animals alike and is still valued far beyond the Basle frontier, may remain unspoiled. Apart from Brägger's Zoo itself and his few theoretical writings, L. Burckhardt's and H. Kükelhaus' articles on Brägger's work will show us the way to achieve this. Last but not least, Prince Pückler's writings, which Brägger consulted time and again, are to be recommended.

Two everpresent dangers threaten Brägger's ideals in our materialistic times: on the one hand, the people responsible for the maintenance of the animals may try to avoid the wearisome and expensive discussions on design altogether, as they stand in the way of simple, rapid and functional solutions and demand syntheses which can only be found through hard intellectual debate. On the other hand, creative rigour and discipline may be sacrificed in favour of cheap, presumably lucrative effects. If the Zoo gave in to these dangers, it would be exposed to the commotion and to the artificial world of the city. This would hardly be compatible with a Zoo which sees itself as a recreative area with a cultural and deeply pedagogical purpose. Its basic aim of providing dignified and appropriate surroundings for an encounter between men and animals, would be more and more difficult to realize. The Zoo would destroy its own "raison d'être", i.e. its right to exist. To keep animals as mere amusing decoys for a

sen beiden Gefahren erliegen, öffnete er sich dem Rummel und der Kunstwelt der Stadt. Das würde sich mit einem Zoo, der sich als kulturelle und zutiefst pädagogisch ausgerichtete Erholungslandschaft versteht, schlecht vertragen. Seine Grundfunktion, Begegnungen zwischen Menschen und Tieren in einem angemessenen und würdigen Rahmen zu ermöglichen, könnte immer weniger wahrgenommen werden. Der Zoo würde seine «raison d'être» zerstören und damit seine Existenzberechtigung. Tiere zu halten nur als Lockvögel für ein auf Gewinn und Amüsement ausgerichtetes Freizeitunternehmen ist nicht zu rechtfertigen.

Der von Kurt Brägger gestaltete, von Tieren und Menschen belebte Landschaftspark ist ein Kunstwerk von hohem Niveau. Ihn zu bewahren und in seinem Sinne weiterzuentwickeln, verlangt von uns allen viel Anstrengung, Disziplin und Sorgfalt im Detail. Wir wollen uns aber dieser Aufgabe stellen, zum Wohle des Zoologischen Gartens Basel und in Respekt vor Kurt Brägger, dem wir in Dankbarkeit verbunden bleiben.

Literatur:
Brägger Kurt: Gedanken zur Zoogestaltung / Réflexion sur l'aménagement d'un Jardin zoologique / Thoughts on Zoo Design, Anthos Nr. 10 1971
Burckhardt Lucius: Landschaftsgestaltung im Basler Zoo, WERK-Chronik Nr. 12 1960
Burckhardt Lucius: Umgestaltung im Zoologischen Garten in Basel, WERK Nr. 8 1965
Burckhardt Lucius: Das neue Affenhaus im Basler Zoologischen Garten, WERK Nr. 6 1969
Burckhardt Lucius: Das Vivarium des Zoologischen Gartens Basel, vollendet 1972, WERK Nr. 3 1972
Burckhardt Lucius: Warum jätet ihr eigentlich? Basler Magazin Nr. 42, 21. Oktober 1989
Schaffner Martin: Wahlfacharbeit ETH Zürich (Dozent Dr. Dieter Kienast), Januar 1991
Spitzer Klaus: Tiere im Park / Animals in the Park, DGGL Garten + Landschaft / Landscape Architecture + Planning, September 1982

profitable leisure establishment would be inexcusable.

Our landscape garden, designed by Kurt Brägger and inspired with life and interest by animals and human beings alike, is an outstanding work of art. To maintain and develop it in Brägger's sense demands great effort, discipline and thoroughness as to detail from us all. For the benefit of the Basle Zoological Garden and in grateful memory and respect to Kurt Brägger, we shall face this challenge gladly.

Huftiere – Kinderzoo – Wölfe

Die Gestaltung eines zoologischen Gartens gibt immer auch Aufschluss über den Stand der Beziehung zwischen Mensch und Tier. Die Entwicklungsgeschichte solcher Gärten zeigt, dass erst die Romantik und der geistige Hintergrund des englischen Landschaftsgartens die Voraussetzung dafür schufen, sowohl den Bedürfnissen des in Gefangenschaft lebenden Tieres als auch denen seiner menschlichen Betrachter allmählich gerecht zu werden. Bis das Tier aber vollends aus der herkömmlichen Situation eines isolierten Schauobjektes gelöst war und, wie heute, in den grossen Zusammenhängen von Umwelt und Verhalten gesehen wurde, dauerte es noch ein ganzes Jahrhundert. Richtete sich die Gestaltung von Tiergärten bis dahin hauptsächlich nach funktionellen Gesichtspunkten, so orientiert sie sich fortab an den Forderungen der neuen Gesinnung. K.B.

Ungulates – Children's Zoo – Wolves

The design of a zoo always reflects the quality of the relationship between men and animals. As the history of zoological gardens shows, it was not until the romantic era and the rise of the English landscape garden that a spirit developed which made men gradually grow aware of the multiple needs of animals held in captivity on one hand and of their human spectators on the other. Yet another century was to go by before zoo animals were no longer exhibited as mere isolated objects of human curiosity, but began to be considered in the larger context of their environment and behaviour. If, until then, a zoo had mainly been planned along functional lines, today, the challenges of an entirely new concept must be met. K.B.

Drei wesentliche Dinge sind es, die bei der Gestaltung eines Tiergartens zu einer Einheit verschmolzen werden müssen: das offene, nie aber allseitig einsichtige Tiergehege, der trennende Graben mit Wasser und Vegetation und der im Verborgenen liegende Spaziergang für den Besucher. K.B.

When designing a zoological garden, three things must be blended into one: the open territory of the animal, which must never be exposed to view from all sides, the protective water ditch and its vegetation, and the concealed pathways for the spectators. K.B.

Bongo-Wildesel-Gehege 1968
Enclosure for bongoes and wild donkeys 1968

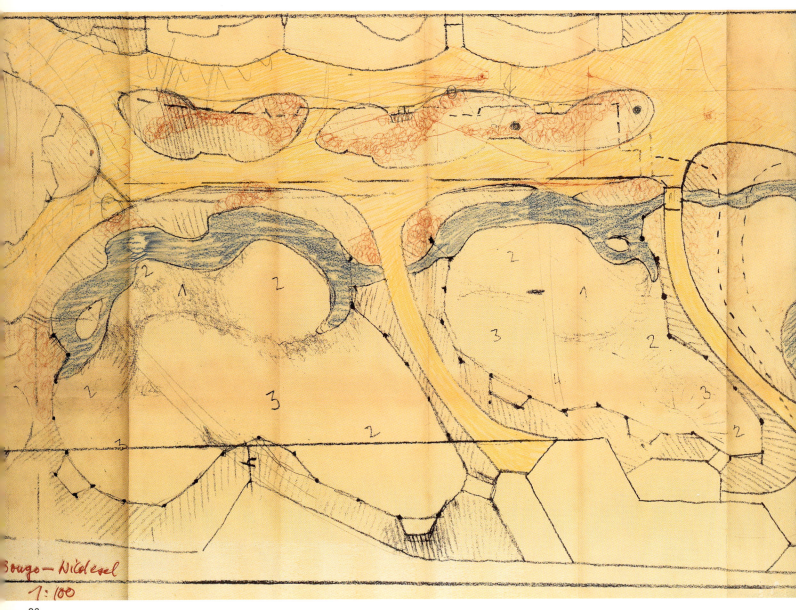

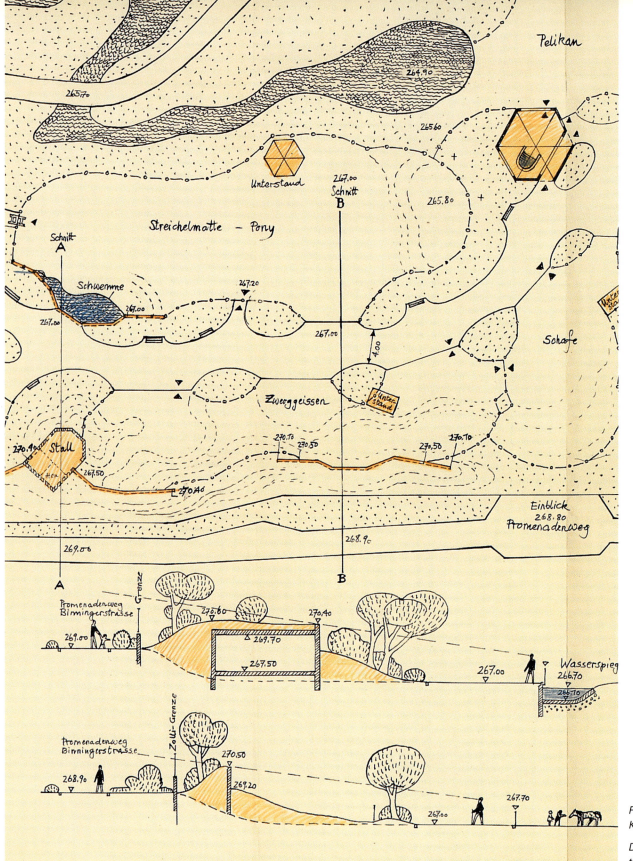

Planungsdetails
Kinderzoo 1976

Details of the project for the Children's Zoo 1976

Lärmschutz-Anlage mit integrierten Baukörpern   Kinderzoo 1976
Sound barrier with integrated buildings   Children's Zoo 1976

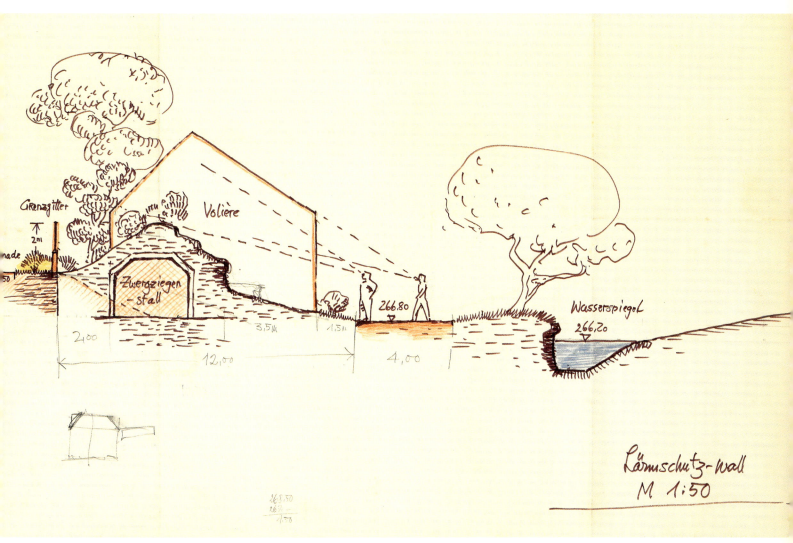

Rappen-Antilopen, Huftiergehege 1978

Sable Antelope, Ungulates' enclosure 1978

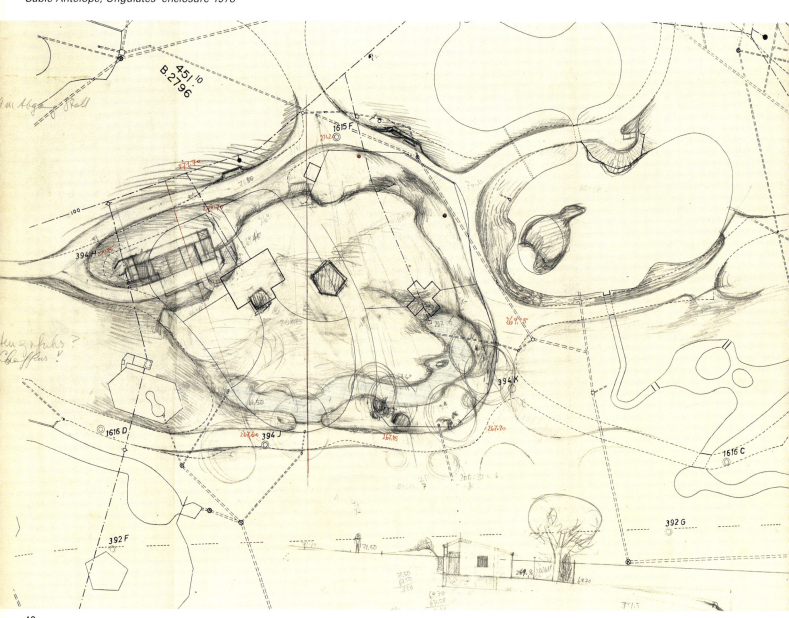

Kinderzoo 1975

Children's Zoo 1975

Neue Yack-, Bison- und Wisentanlage 1966

New enclosure for yaks, bison and wisents 1966

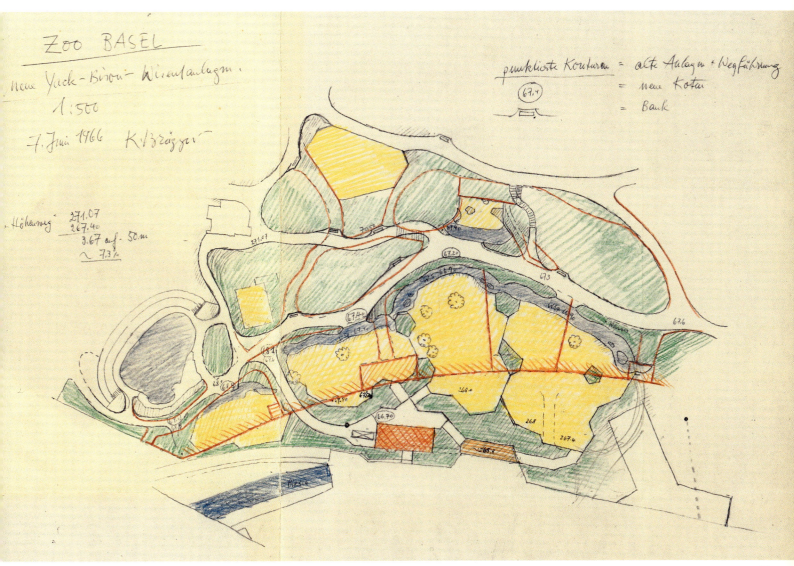

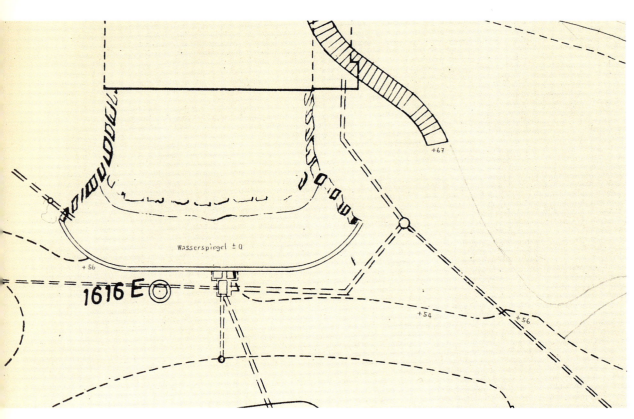

Alte Wolf-Anlage

The original wolves' enclosure

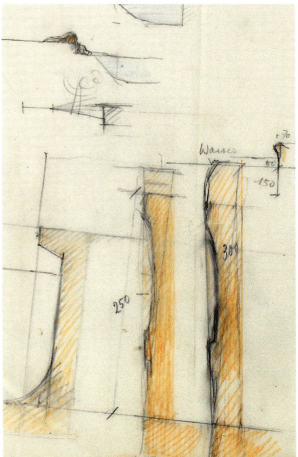

Detail Wandaufbau

Detail of wall structure

Erweiterung Wolf-Anlage

Extension of the wolves' enclosure

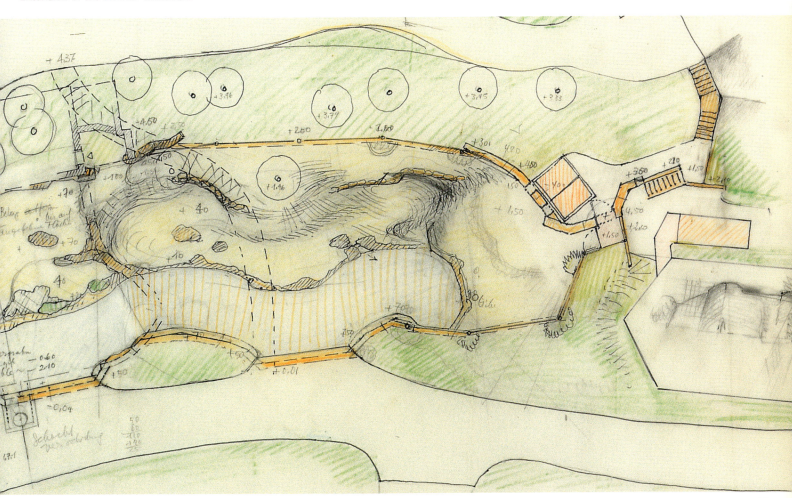

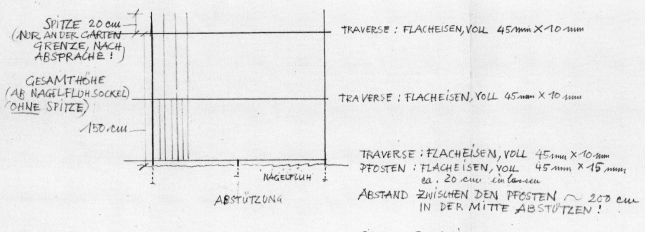

Volière – Nashörner – «Grüne Brücke»

Es ist überraschend, festzustellen, dass sich in Japan mit seiner hoch entwickelten, philosophisch fundierten Gartentradition keine eigene Zoogestaltung entwickelt hat und eine Orientierung hauptsächlich an meist schlechten Beispielen des Westens erfolgte. Unser Zolli ist noch überall mit Beispielen der verschiedenen Gestaltungsetappen durchsetzt. Einige davon werden mit der Zeit endgültig zum Verschwinden gebracht werden, solche nämlich, die sich mit den heutigen Ansichten nicht mehr vertragen. Bei gewissen Anlagen, deren grundlegende Veränderung besonders kostenintensiv wäre – zum Beispiel bei der Bärenanlage –, wird versucht, sie wenigstens in den landschaftlichen Rahmen zu integrieren.

Der Gesamtplan aus der Zeit des 75-jährigen Bestehens des Gartens zeigt, wie sehr damals die Planung noch hauptsächlich auf die Tierschauhäuser ausgerichtet war. Die Realisierung dieses Planes hätte zu einer eigentlichen Überbauung des Gartens geführt.

Über diese Ideen hinaus ist man darum bemüht, dass die Gestaltung nachbarlicher Bezirke mit Rücksicht auf den Zolli erfolgt. So könnte beispielsweise bei der Neuplanung des Areals Kardinal der Zugang vom Bahnhof durch eine verbindende Begrünung attraktiver gestaltet werden, was nicht nur für unseren Garten, sondern für die Stadt ganz allgemein ein Gewinn wäre. Ebenso sind Bestrebungen im Gange, die seltene Situation, dass ein Zoo inmitten der Stadt liegt, zu nutzen und den Spaziergang durch den Garten an seinem Ende in einen für den Fussgänger gefahrlosen Übergang via St. Margarethenhügel in die Grünerholungszone der Reinacher Höhen münden zu lassen. K.B.

Aviary – Rhinoceros – "Green Bridge"

Curiously enough, in spite of the highly sophisticated landscaping tradition founded on its philosophy, Japan never developed a zoo landscaping art of its own, but was satisfied with imitating European examples – for the most part, bad ones. In our Basle "Zolli", traces of outdated concepts of landscaping from past eras can also be found. Many of these will have to go, being no longer compatible with today's ideas. Others, like the bear compound, would be too expensive to restructure and will have to be incorporated into the new surroundings.

Seventy-five years after its inauguration, it is interesting to look at the layout of our zoological garden as it was planned: the design at that time still centred around the "animal houses" in which the different species were to be exhibited. Had this project been carried out, the entire Zoo grounds would now be covered with buildings.

Apart from all this, we may note the current efforts to make the design of neighbouring areas respect the Zolli's existence. For instance, when the Kardinal site is restructured, the access from the train station could be made more attractive by introducing a strip of trees and shrubs – a measure by which not only our garden, but the city itself would gain. Besides, there are plans to make the most of the Zoo's city location in the centre of town, and to link the walk through the gardens to a projected pedestrian route leading from the busy city to the green recreational area of the Reinach hills via the hill of St. Margrethen. K.B

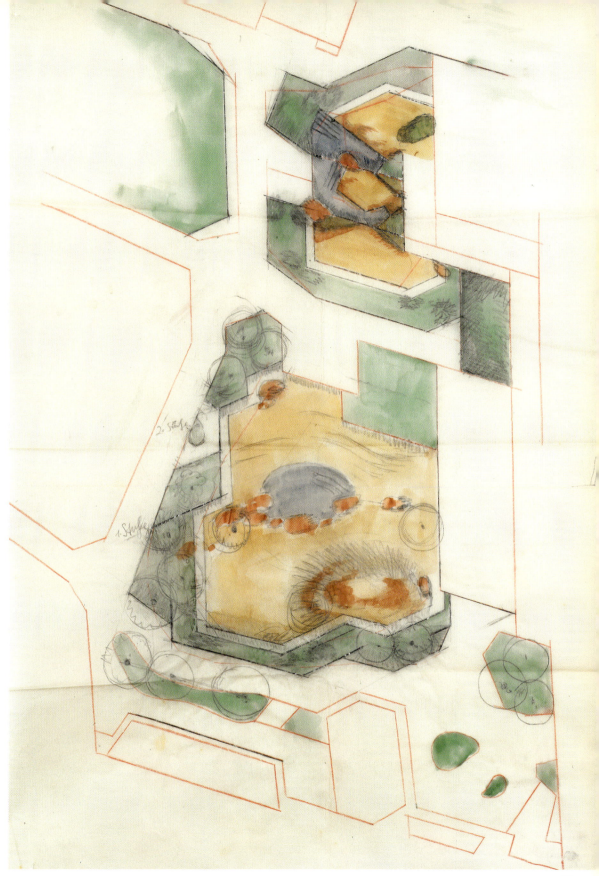

Nashorn- und Tapir-Gehege

Rhinoceros' and tapirs' enclosures

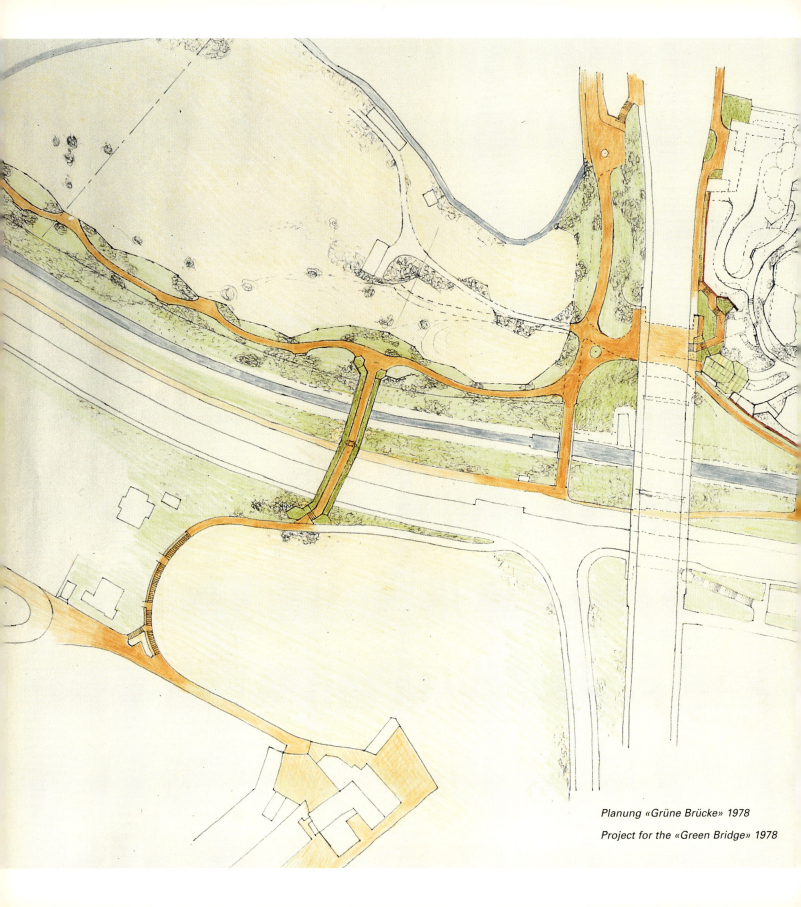

Planung «Grüne Brücke» 1978
Project for the «Green Bridge» 1978

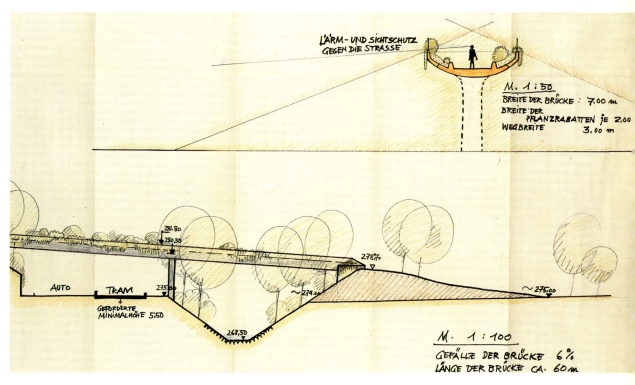
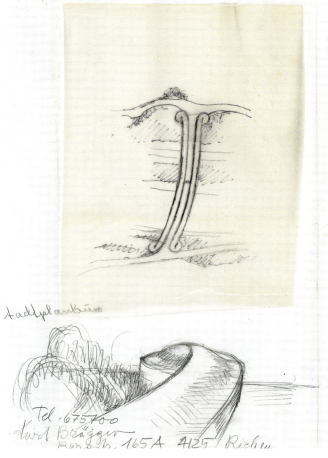
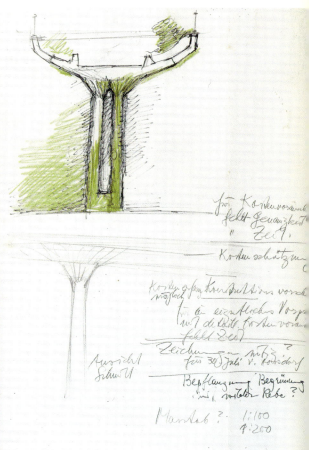

Erhaltung eines bestehenden Baumes trotz veränderter Geländemodellierung

A pre-existing tree was preserved in spite of the remodeling of the terrain

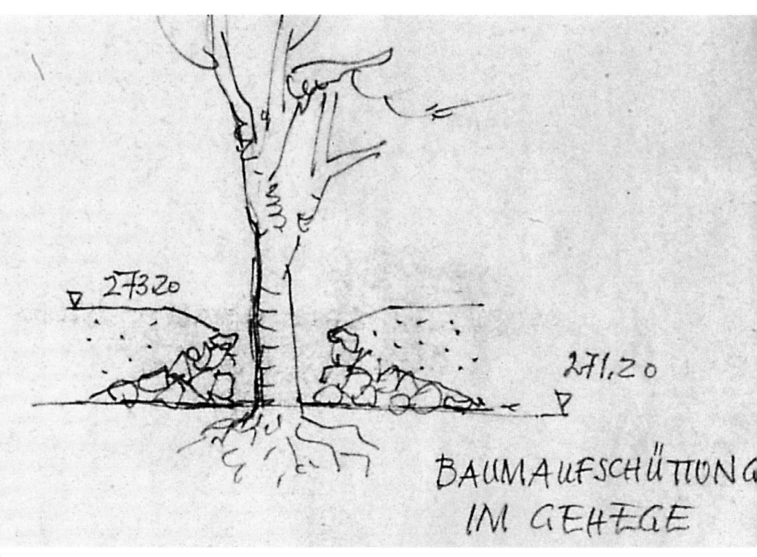

Rentiergehege 1982

Reindeer enclosure 1982

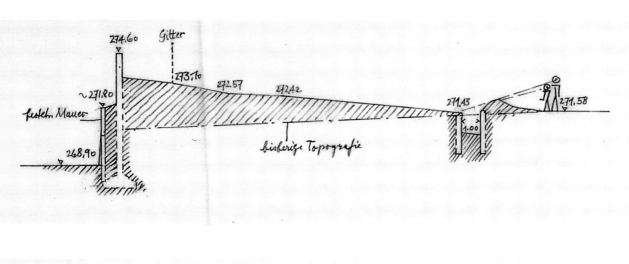

Schnitt B-B

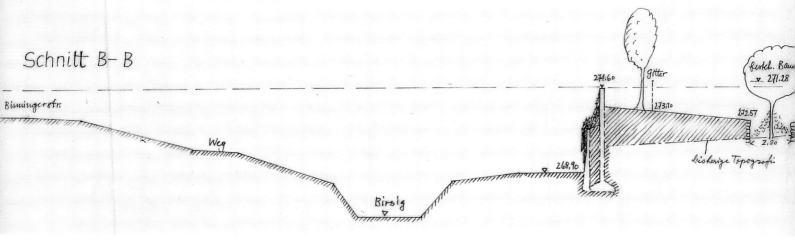

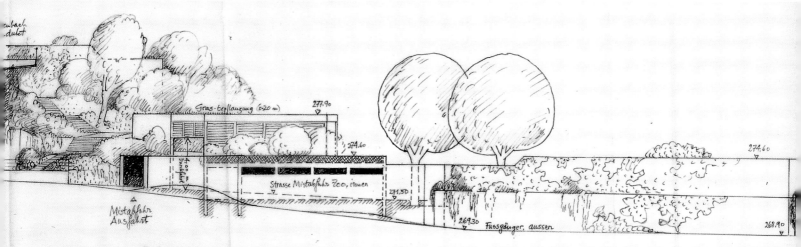

Schnitt + Ansicht Rentier-Stall
M 1:100

Freiflug-Volière Nachtraubvögel 1981

Open aviary for night birds of prey 1981

Giraffen – Antilopen – Eulen – Schneeleoparden – Mähnenwölfe

Als mit der Eingliederung des Nachtigallenwäldchens die Grenzen der Ausdehnungsmöglichkeiten erreicht waren, ist die Idee, den Zoo zu einem von Tieren bewohnten Landschaftsgarten zu machen, zur Trägerin der Gesamtplanung geworden. Sie ist seither konsequent weiterentwickelt worden und hat gewissermassen zu einer Gestaltungsformel geführt, die als wichtigste Zielsetzungen die folgenden Punkte umfasst, die auch die Zukunftsplanung bestimmen werden:

- Aufgabe der Gestaltung ist es, das Tier und sein Gehege, den landschaftlichen Rahmen sowie den Weg und den Standort für den Besucher zu einer organisch wirkenden Einheit zusammenzuschliessen.
- Eine besondere Bedeutung hat die Wegführung. Der Besucher darf nicht durch Besuchermassen in seinem Erlebnis, seiner Begegnung mit dem Tier, beeinträchtigt werden. Im Vergleich zu den wenigen Tieren darf der Mensch optisch nicht in den Vordergrund treten.
- Den Verkehrsflächen wird Wegcharakter gegeben, sie werden in die Landschaft eingebettet und ihr angepasst. Durch Diagonalführung der Wege kann eine optische Vergrösserung des schmalen Gartens erzielt werden. Den Besucher führen, ohne dass er es merkt!
- Die Tiergehege, auch in den Häusern, liegen immer nur einseitig, in rhythmischem Wechsel bald links, bald rechts des Weges.

K.B.

Giraffes – Antelopes – Owls – Snow Leopards – Maned Wolves

With the inclusion of the so-called "Nachtigallenwäldchen", the possibilities of expanding the Zoo grounds came to an end. It was then that the idea of planning the Zoo as a landscape garden inhabited by animals was born – a concept which proved fundamental for the whole of its design. It was further developed over the course of the years and has led to a creative general pattern, a paradigm which will command all future planning and which is based on the following points:

- The landscape design as a whole should convey the impression of an harmonious, naturally grown entity which includes the animals with their enclosures, the landscaping and footpaths, and the spectators and vantage points.
- Special attention must be given to the planning of the footpaths. The visitor's experience – his encounter with the animals – should not be spoiled by his seeing crowds of other visitors. Given the few animals that live in the garden, the sight of large numbers of human spectators ought not to prevail.
- Circulation must be restricted to footpaths, harmoniously embedded into the landscape. Laying the paths diagonally across the narrow site will create an impression of more space. The visitor should be guided without being aware of it!
- Even inside the animal buildings, cages and showcases should be arranged in groups on one side of the circuit only, alternately to the left or the right.

K.B.

Abgesehen vom Angenehmen, von beschatteten Wegen aus die im vollen Licht liegenden Gehege mit ihren Bewohnern betrachten zu können, korrigiert der Gegensatz von Licht und Schatten das Missverhältnis zwischen dem einzelnen Tier und dem in Überzahl präsenten Publikum.   K.B.

Apart from the comfort of being able to observe the enclosures and their inhabitants exposed to full daylight from a shaded pathway, the contrast between light and shadow helps to correct the disproportion between the isolated animal and the overwhelming crowd of spectators.   K.B.

Unterstand auf der Festmatte

Shelter on the festivity grounds

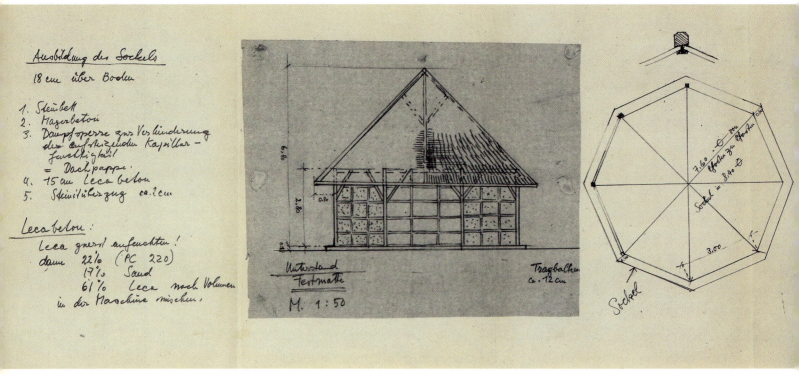

Umbau Eulenburg

Remodeling of the owls' living quarters

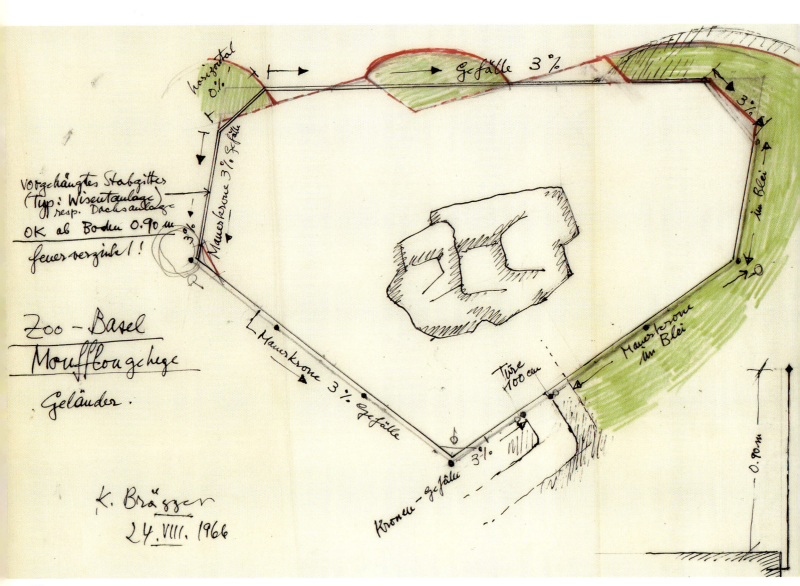

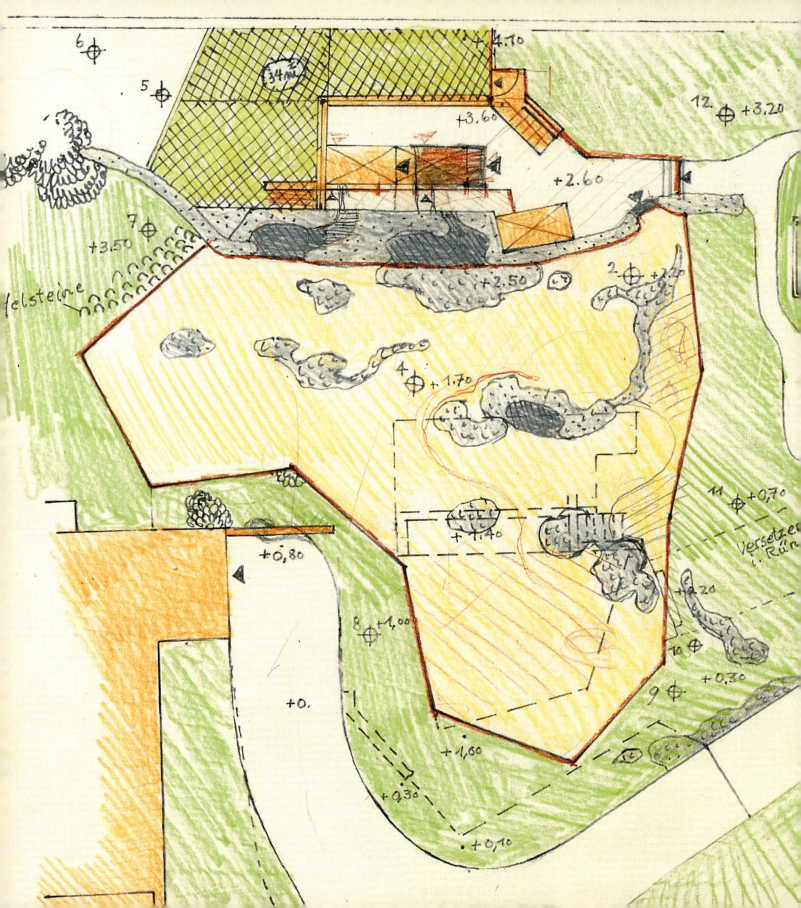

Schneeleoparden-Gehege 1968
The snow leopards' enclosure 1968

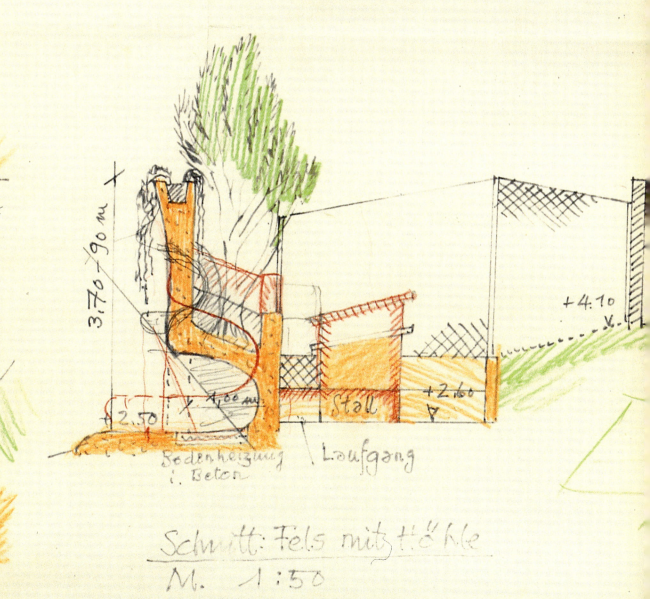

Erweiterung des alten Raubtierhauses
Gehege für die Mähnenwölfe 1979

Extension of the old predatory animals' building
The maned wolves' enclosure 1979

Kleinsäugeranlage – Elefanten – Restaurant – Vogelhaus

Zur weiteren Zielsetzung gehören:
– Die Grenzen des Gartens und die ausserhalb stehende städtische Bebauung, die das natürliche Bild des Gartens beeinträchtigt, werden durch Vegetationskulissen möglichst zum Verschwinden gebracht.
– Die Aufnahmefähigkeit der Besucher kann durch Öffnen und Verbergen von Ein- und Ausblicken – sowohl in die Tiergehege wie in die eigentliche Landschaft – aktiviert werden.
– Bei der Geländemodellierung wird von der gewachsenen Topographie ausgegangen. Die «trocken-heissen» Partien liegen im oberen, die «feucht-kühlen» im unteren Teil des Gartens, und so weit es möglich ist, wird eine entsprechende Verteilung der Tiergehege angestrebt. Dem selben Ziel dient eine naturnahe, sich selbst regenerierende Bepflanzung unter Wahrnehmung der Möglichkeiten, einheimische Vegetationsbilder mit seltenen oder geschützten Pflanzen nachzuschaffen.
– Wichtig ist die Gestaltung eines natürlichen Wassersystems, indem Teiche durch Wasserläufe miteinander verbunden werden.
– Bei Felspartien, die aus topographischen oder tierhalterischen Gründen gebaut werden müssen, wird versucht, den Eindruck eines natürlichen geologischen Verhältnisses zu vermitteln.
– Alte, landschaftlich gute Situationen werden nur so weit verändert, als es unbedingt nötig ist, um sie der neuen Gartengesinnung angleichen zu können. K.B.

Small mammals – Elephants – Restaurant – Birdhouse

Further important points of the new landscaping concept should be:
– The garden boundaries and the neighbouring city buildings should be screened from view by vegetation as much as possible, as they would spoil the impression of finding oneself in natural surroundings.
– By hiding and revealing points of interest in turn, both in the animal enclosures and in the landscape itself, the visitor can be made more receptive.
– The modeling of the terrain should follow its natural topography. "Dry-hot" sections must be sited in the upper regions, "damp-cool" ones on the lower levels, and animal enclosures should be located accordingly. The plants should be chosen as much as possible from the local vegetation, ensuring self-regeneration and capitalizing on the rare or protected species found in this region.
– It will be most important to create a natural water system of small ponds and connecting streams.
– When artificial rock masses must be built up for topographical or animal maintenance reasons, they should be given the aspect of naturally occurring rock.
– Existing examples of good landscaping should be modified only as far as is absolutely necessary to make them compatible with the new landscaping concept. K.B.

Dachs (und ähnliche Tiere) und Umgebung. Neugestaltung der Wegführung 1962
The badgers' (and similar animals') enclosures and their surroundings. Newly designed footpaths 1962

Umgebung Elefanten und Restaurant
Surroundings of the elephants' enclosure with the Restaurant

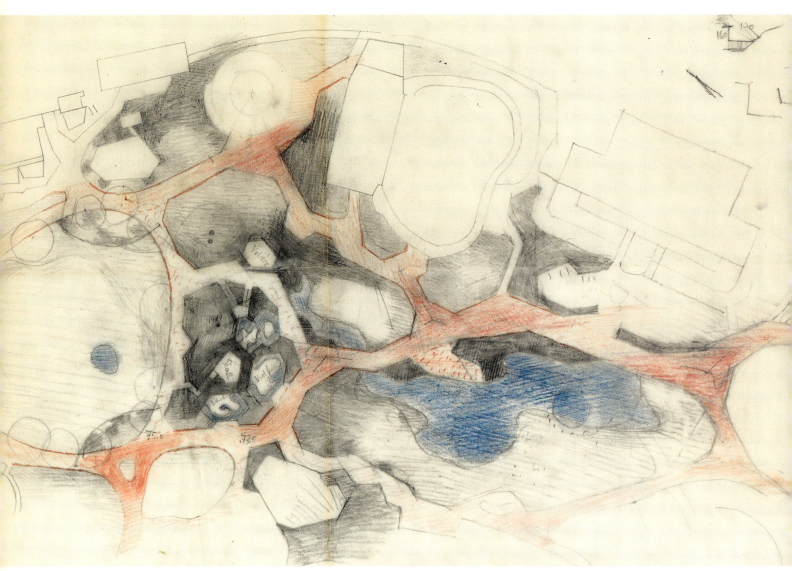

Erweiterung der Elefanten-Anlage für Elefantenbullen 1984

Extension of the elephants' compound for the bull elephant 1984

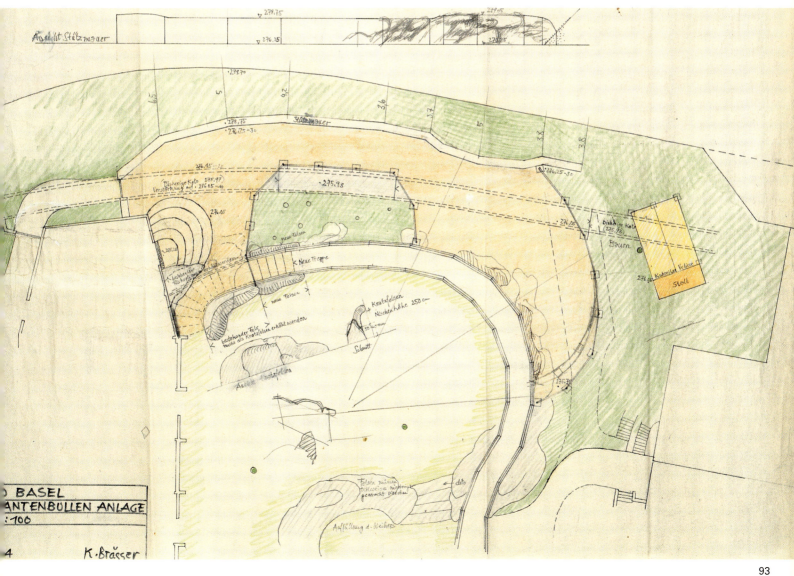

Bestandaufnahme Restaurant und Umgebung 1983

Plan of the existing Restaurant and its surroundings 1983

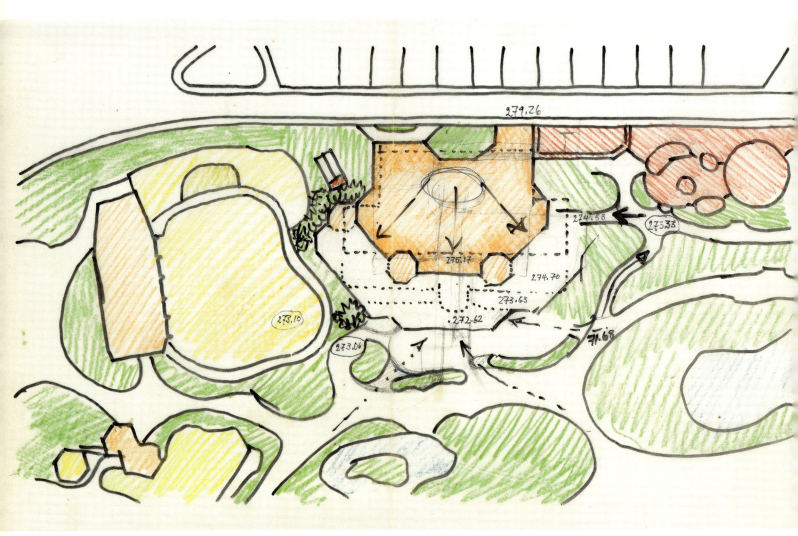

Umgestaltung Restaurant

Project for remodeling the Restaurant

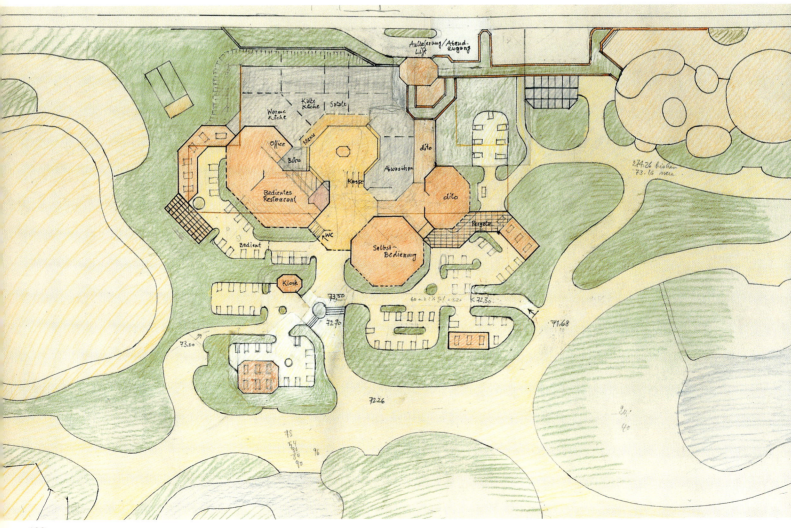

Umgebung Restaurant und Vogelhaus

The surroundings of the Restaurant and birdhouse

Umgestaltung Vogelhaus (alt)

Project for re-designing the birdhouse (old)

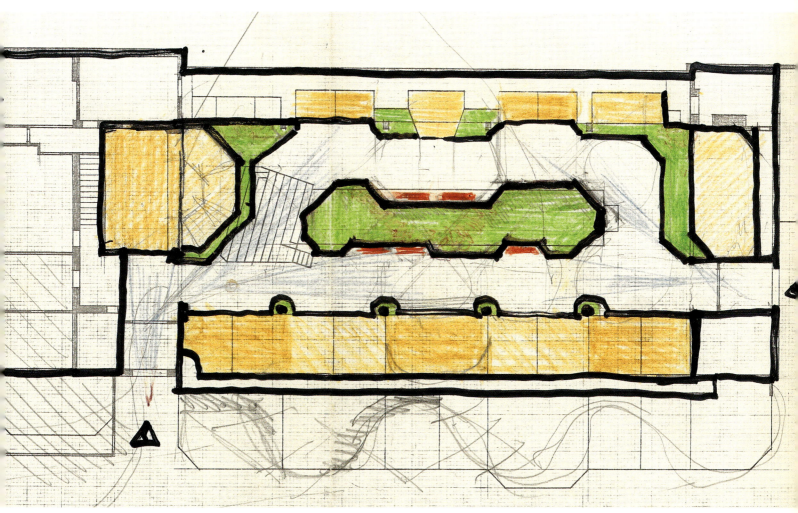

Planungsskizze für neues Vogelhaus 1981

Sketch for the design of a new birdhouse 1981

Affenhaus – Afrikaanlage

Zur Zielsetzung:
- Grosse Gehege können durch die Nähe von kleinen oder Gruppen von kleineren in ihrer Wirkung gesteigert werden und setzen Überraschungseffekte. Überall kommt es darauf an, die massstäbliche, harmonische Übereinstimmung mit der Grösse des Gartens zu finden.
- Bei jeder sich bietenden Gelegenheit werden Tierhäuser und Stallungen unter die Erde und in Geländestufen gelegt.
- Die Besucherführung durch die Tierhäuser entspricht dem Spaziergang durch den offenen Garten und bietet die selben Schau- und Erlebnismöglichkeiten.
- Bauten, die dem Besucher dienen, werden den Gesetzen der eigentlichen Landschaftsgestaltung untergeordnet und auf ein Minimum reduziert. Sie sollen einfache, zweckentsprechende Formulierungen aufweisen.
- Durch immer mehr und verborgene Sitzgelegenheiten wird der Besucher zum Verweilen im Garten eingeladen.

K.B.

Monkeyhouse – Africa Compound

- Large enclosures produce a powerful effect on the spectator when set beside smaller ones, single or in groups – but in every case it is essential to remain true to the scale of this small garden so as not to disrupt its harmony.
- Wherever possible, animal buildings and service areas should be located underground or set into a slope.
- Visitors follow a circuit through the animal houses in the same way as through the garden and are offered the same opportunities for contemplation and experience indoors as outdoors.
- Visitor facilities are of minor importance and should be reduced to the necessary minimum, as well as functionally and unobtrusively designed.
- As many secluded benches as possible should invite the visitor to pause and rest in the garden.

K.B.

1964

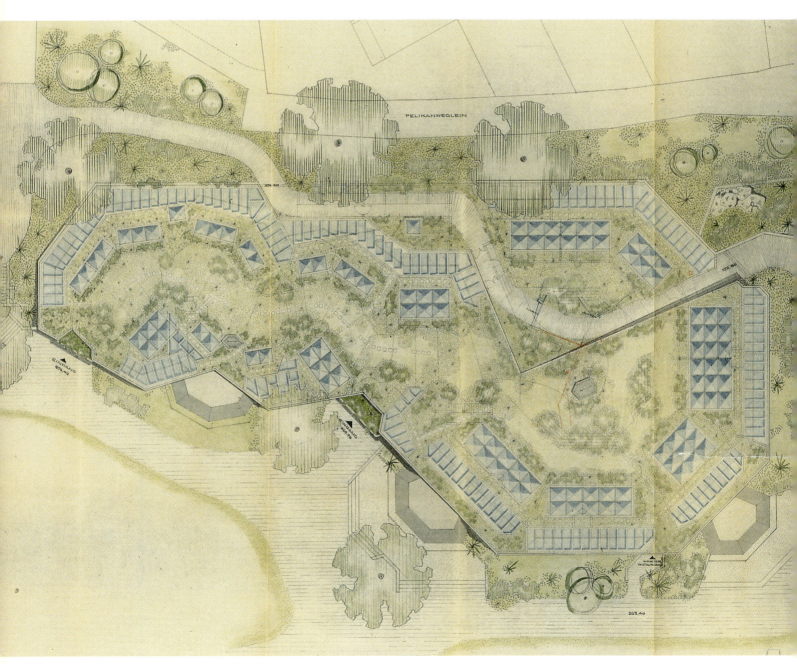

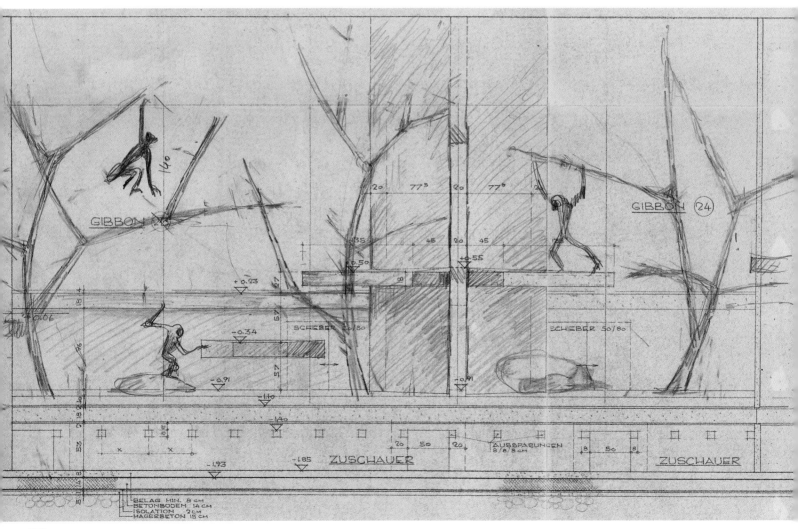

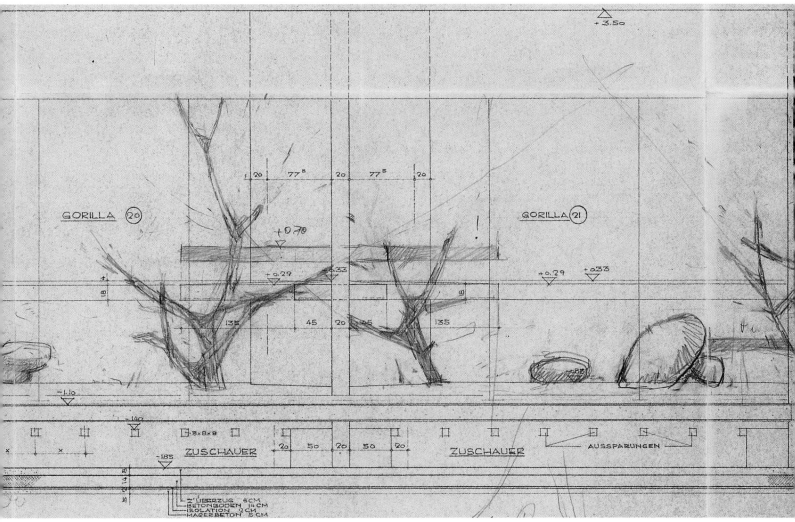

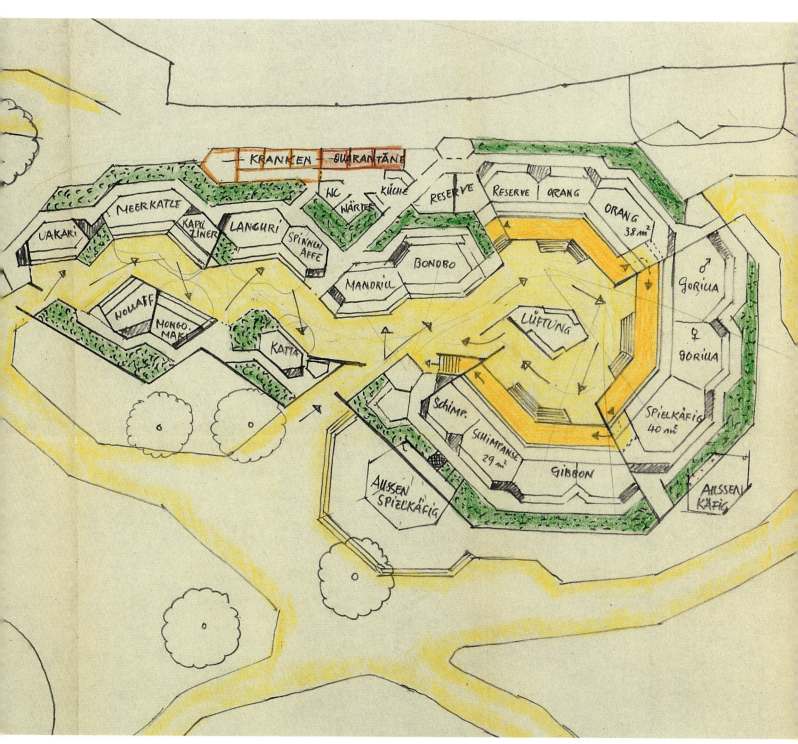

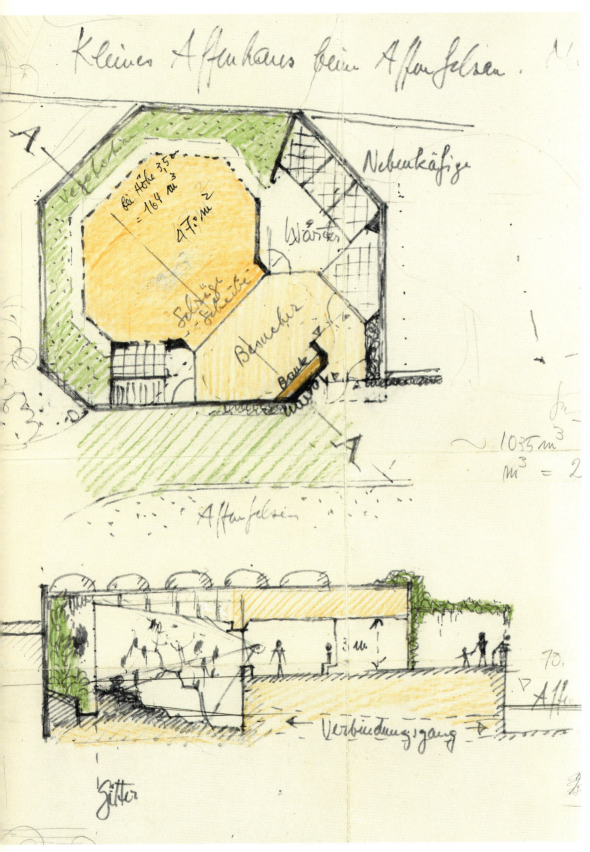

Afrika-Anlage 1988–89

Africa Compound 1988–89

1981

Vivarium

Das Vivarium in unserem Zolli zeigt in vorzüglicher Weise auf, mit welch schöpferischer und sensibler Systematik die für das gesunde Leben des Zolli Verantwortlichen ihre Pflichten wahrnehmen. Es ist tatsächlich einzigartig, was für Werte hier in unserem Gemeinwesen geschaffen werden.
Als besonders glücklich darf Kurt Bräggers Konzept für das Aquarium und Terrarium bezeichnet werden.
Für den Architekten war es ein Genuss, mit Kurt Brägger zusammen das Konzept in greifbare Realität zu giessen, und manchmal sind er, die Bauleitung und die beigezogenen Spezialisten sich vorgekommen wie ein kleines Orchester, das einen hervorragenden Solisten bei seinem Konzert begleiten und ergänzen darf. Im Falle des Vivariums darf allerdings zusätzlich gesagt werden, dass hier das Orchester auch allerhand können musste, denn das Konzept des Solisten war nicht nur künstlerisch, sondern auch in allen bautechnischen Belangen höchst anspruchsvoll. M.H.B.

Vivarium

Our Zolli's Vivarium offers excellent proof of the creativeness, sensitivity and systematic thoroughness with which the people responsible for the Zoo's healthy development are fulfilling their task.
The building's success is largely due to Kurt Brägger's outstanding concept for the aquarium and the terrarium.
For the architect, working with Kurt Brägger to transform this concept into tangible reality has been a great pleasure. Sometimes he and his technicians and experts have felt like a small orchestra which was given the chance to accompany and second an outstanding soloist. I may add that in the case of the Vivarium, the orchestra itself had to offer a very good performance, as the soloist's conceptions were extremely demanding, not only from an artistic, but also from a constructive and technical point of view. M.H.B.

Beckenwinkelstudie 1961

Sketch of the aquarium sequence 1961

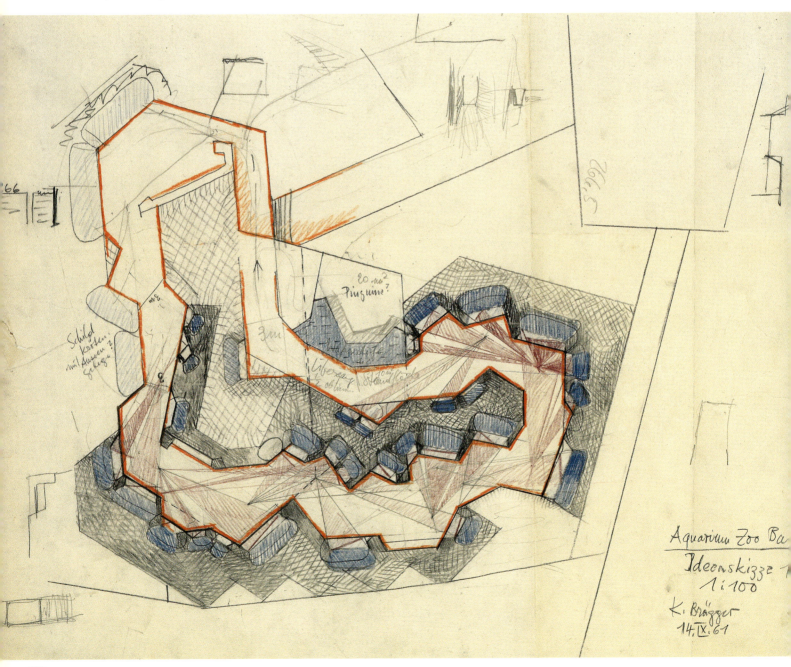

120

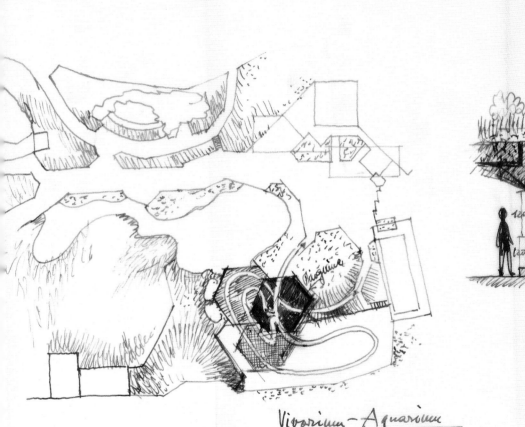
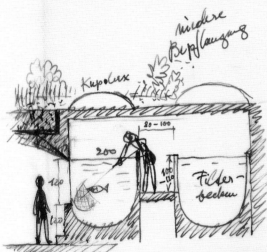

Der Weg ins Vivarium führt den Besucher unter einen Teich und dort zur unmittelbaren Anschauung der uns sonst so verborgenen einheimischen Wasserwelt. Der Teich verbirgt aber auch den nur in geringer Wassertiefe liegenden grossen kubischen Birsigkanal, der von der Binningerstrasse her vor dem Eingang wieder in seinem alten Bett sichtbar wird. K.B.

The path into the Vivarium leads the visitor below a pond, where he has a direct experience of our indigenous, hidden subacqueous world. The same pond also conceals the large cubic canal of the Birsig, which flows on a shallow underwater level and surfaces again in front of the Zoo entrance, where it can be seen in its original bed from the Binningerstrasse. K.B.

Typischer Querschnitt

Typical cross-section

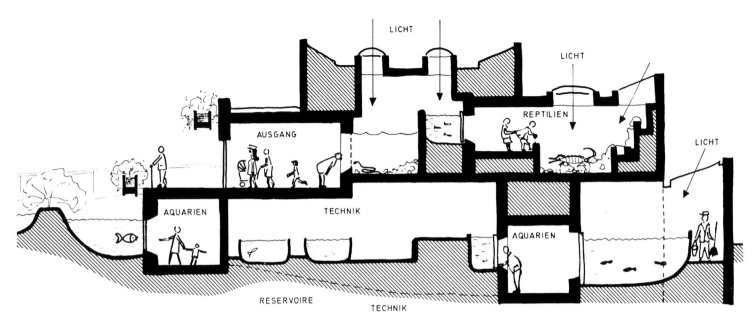

Untere Ebene: Aquarien
Lower level: Aquariums

Obere Ebene: Terrarien
Upper level: Terrariums

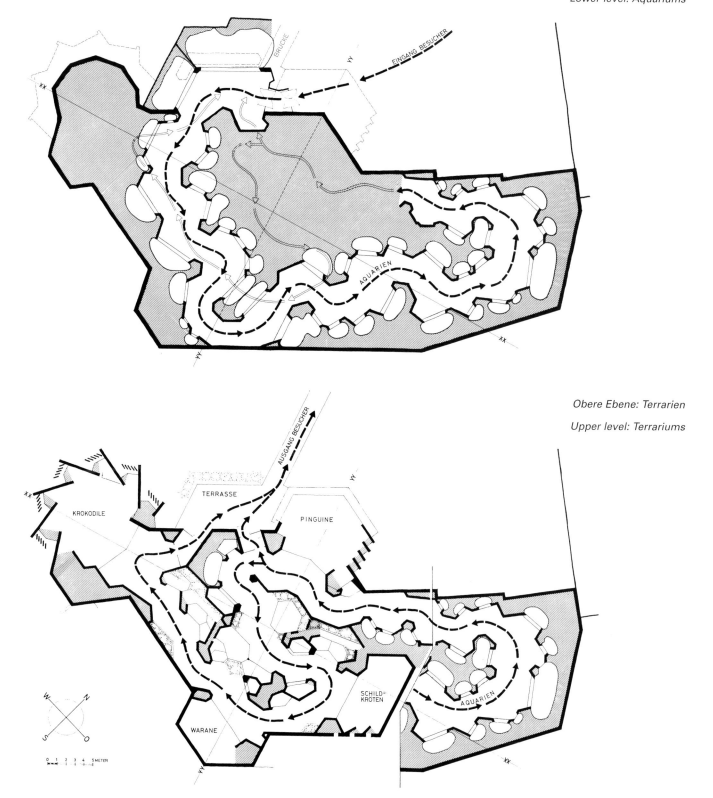

Aquarium, Besuchergang/Beckenverteilung 1964
Aquarium, visitors' circuit/Disposition of the water tanks 1964

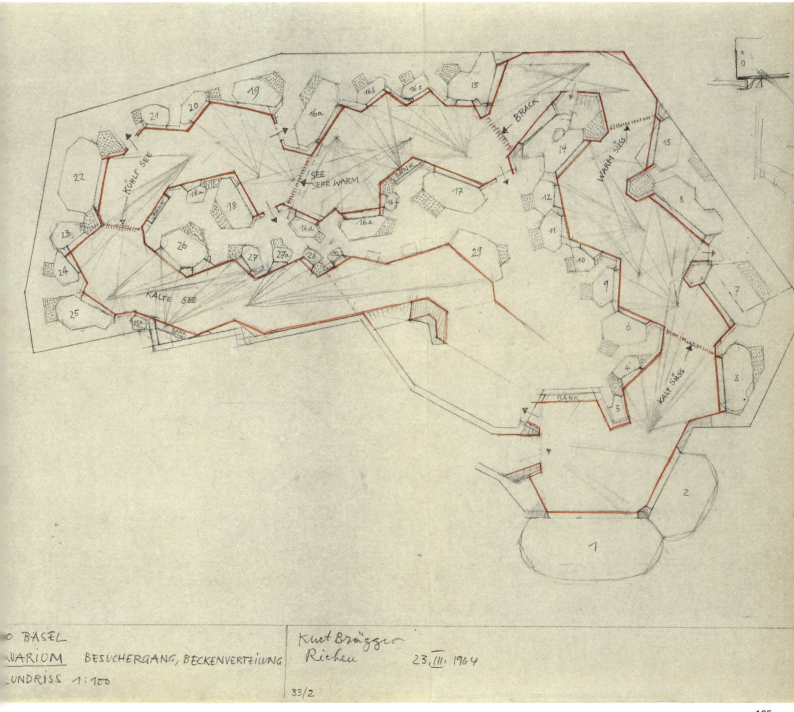

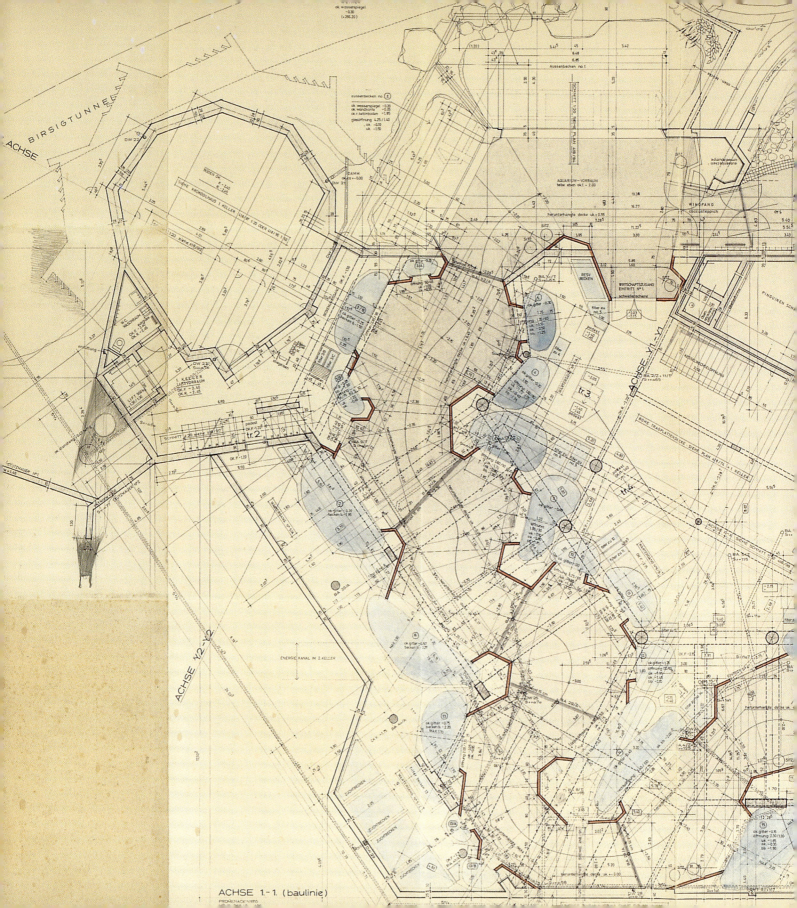

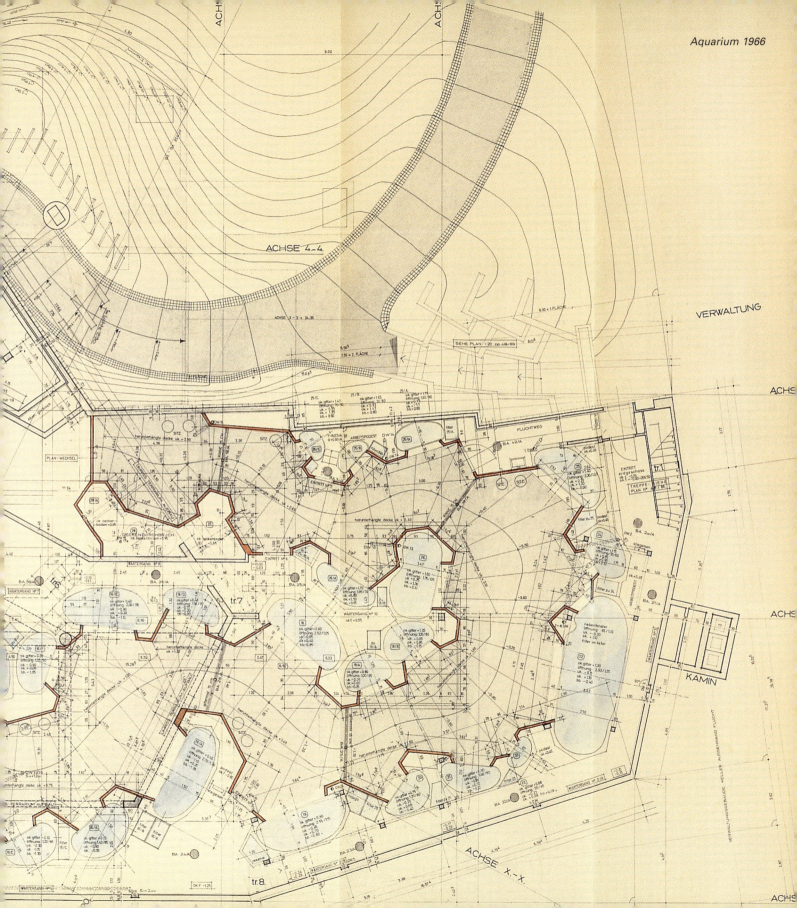

Plan für die Erweiterung des Zoogeländes
Projekt Neubauten: Vivarium, Affenhaus und Kinderzoo, 7. 11. 1961

Extension plan for the Zoo grounds
Projected buildings: Vivarium, monkeyhouse, Children's Zoo, 7. 11. 1961

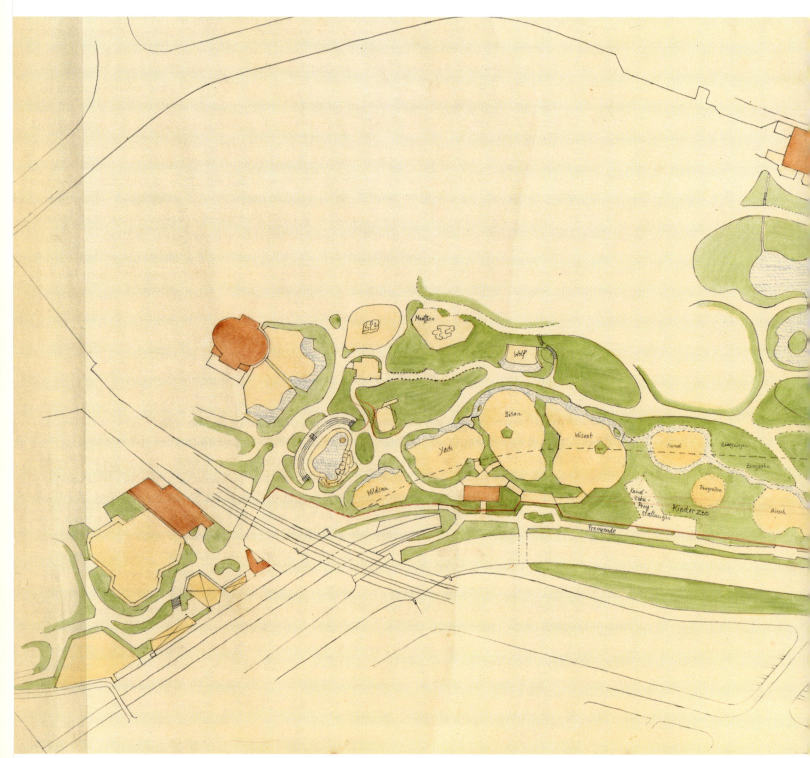

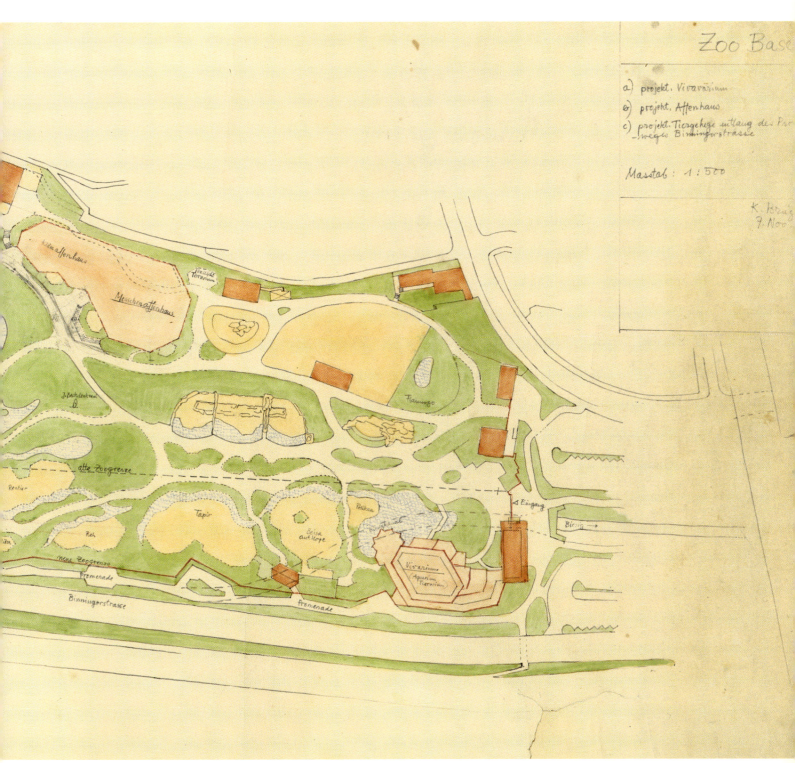

Bücherliste Zoo Basel

Zoo Basel
2 Bände im Schuber, Herausgeber Zoologischer Garten Basel,
Christoph Merian Verlag Basel
CHF 68,–

Menschenaffen Mutter und Kind
Jörg Hess, Friedrich Reinhardt Verlag, Basel
CHF 52,–

Familie 5
Jörg Hess, 3. Auflage Friedrich Reinhardt Verlag, Basel
CHF 52,–

Schnelle Beine langer Hals
Das Zolli Tiermärchenbuch, Zoo Basel
Dank dem Patronat der Basellandschaftlichen Kantonalbank
CHF 10,– inkl. Märchen CD

In Vorbereitung

Band 2 Tiermärchenbuch, Zoo Basel

Nasse Welt
Peter Studer, 2. Auflage Friedrich Reinhardt Verlag, Basel

Diese Bücher sind im Zoo Basel erhältlich
Zoo Basel, Postfach, CH-4011 Basel
Tel.: +41 (0)61 295 35 35, Fax: +41 (0)61 281 00 05
E-Mail: zoo@zoobasel.ch
Website: www.zoobasel.ch